中学科学素养黄跃涛工作室

超越课堂
构建21世纪教育体系

黄跃涛 ◎ 编著

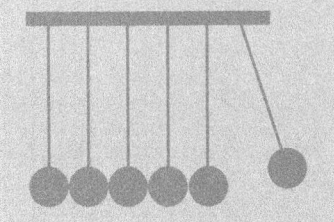

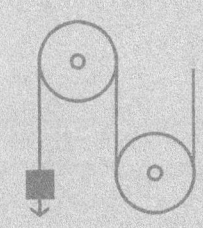

河海大学出版社
HOHAI UNIVERSITY PRESS
·南京·

内容提要

"课堂是学生生命成长的原野"。课堂有其形式的优越性,学生进入课堂,能够比较专注地研学一些未知的问题。课堂教学要落实文化基础、自主发展、社会参与三个方面,那么走向校外实践基地也是一种有效的课堂学习方式,但这种方式具有小众性。实践基地课程学习作为教育的另一种形式,也是我们超越的目标。我们超越的目的是不要把课堂局限在教室,而是把课堂学习施教于大自然、在学府、在任何一个生活细节中。

构建 21 世纪教育体系,我们遵循去看看大自然、学会劳动、感受科学原理、回到课堂之路,并以此审视并重构我们的学习探索思路。

图书在版编目(CIP)数据

超越课堂:构建 21 世纪教育体系 / 黄跃涛编著. -- 南京:河海大学出版社,2023.7
ISBN 978-7-5630-7911-7

Ⅰ. ①超… Ⅱ. ①黄… Ⅲ. ①课堂教学－教学研究 Ⅳ. ①G424.21

中国版本图书馆 CIP 数据核字(2022)第 246934 号

书　　名	超越课堂——构建 21 世纪教育体系
书　　号	ISBN 978-7-5630-7911-7
责任编辑	毛积孝
特约编辑	董　涛
特约校对	董　瑞
封面设计	张育智　周彦余
出版发行	河海大学出版社
地　　址	南京市西康路 1 号(邮编:210098)
电　　话	(025)83786678(总编室)　(025)83722833(营销部)
排　　版	南京布克文化发展有限公司
印　　刷	广东虎彩云印刷有限公司
开　　本	787 米×1092 毫米　1/16
印　　张	16.25
字　　数	296 千字
版　　次	2023 年 7 月第 1 版
印　　次	2023 年 7 月第 1 次印刷
定　　价	68.00 元

自序

一、课堂的定义

关于课堂,国语辞典的解释是"教室,泛称进行教学活动的场所"。网络上的说法是:"课堂是学生学习的场所,或课堂是育人的主渠道。课堂在时间上表现为一种有结构的时期,学生在这个时期学习知识;教师或导师会在上课时,教导最少一个,甚至更多的学生。"

中华民族教育渊源流长,从孔子的"有教无类"到今天陶行知的"平民教育、生活教育"等,无数教育工作者进行了大量的探索和实践,课堂模式也随时代变迁,高效课堂、翻转课堂、生本课堂、学本课堂等新模式也随之出现。

钟启泉教授认为,高效教学的关键点在于教学的有效性,是学生能够在一定时间内获得尽可能多的学习效果。

奥苏伯尔认为,有意义的学习就是将新知识与脑海中已知的旧知识之间建立一种非人为的、实质性的联系。所谓实质联系,是指词语的表达,虽然不同,但它们是等价的,也就是说,此连接是非文本的。所谓非人工联系,是指新知识与原有认知结构中的概念之间的联系,此连接基于合理的逻辑,即存在内部连接,而不是任意关联或连接。

教学的目的是培养善于学习的终身学习者,使他们能够自我控制学习过程,具有自我分析和评价能力;反思与批判能力以及创新精神,这也是建构主义学习理论的目标。因此,建构主义学习理论给我们提出了新的知识观,使教学的中心由教师向学生转移,这就要求我们彻底地改变传统的知识观、学习观、教学观、学生观和教师观。

建构主义学习理论的主要内容:

1. 建构主义知识观。建构主义者强调知识的动态性,质疑知识的确定性。具体体现在以下方面:

(1)知识不是对现实的准确表达,而是一种解释和假设。它随着人类的进步不断地"革命化",从而形成新的假设。

(2) 知识不能准确地概括世界规律。它不易使用,但需要根据具体情况重新创建。

2. 建构主义学生观。建构主义者很重视学生的体验,觉得每个学生都有巨大潜力,并指出学生不是空洞地进入课堂。因此,面对具体的问题,每个人都会根据自己的经验及背景形成自己的理解,每个人的理解都倾向于关注问题的不同方面。学生是多元发展的人,因此在教育教学过程中,教师应该动态地看待学生。教学不是知识的转移,而是知识的加工和转化。教师应重视学生对各种现象的认识,倾听学生的最新思想。在此基础上,教师应引导学生丰富或调整自己的理解。

3. 建构主义学习观

(1) 学习的主动建构性。建构主义认为,知识不是由教师传授给学生的。学习者在头脑中转换、重组和综合现有的知识和经验,解释新现象、新事物、新信息或解决新问题,最终产生个人意义的知识获得。

(2) 学习的社会互动性。建构主义强调学习是将相关知识和技能进行内化的过程。学习共同体是指学习者及其促进者(包括教师、专家、导师等)在学习过程中经常相互交流,共享各种学习资源的群体。

(3) 学习的情境性。建构主义者认为知识不可能在活动情境中抽象的存在,学习应与情境社会实践活动相结合。知识存在于具体的、情境的、可感知的活动中。只有通过实际活动才能真正理解知识。人类学习应与情境化的社会实践活动相关联。通过某些社会实践的参与,人们逐步掌握相关的社会规则、工具和活动计划,形成相应的知识。

(4) 学习的四大环境要素。建构主义认为,知识不是教师教授的,而是由学习者借助外在的帮助并使用一定的学习材料获得的。因为学习是在一定的情境下,即社会文化背景下,在他人的帮助下,通过人与人之间的合作活动来建构意义的过程。因此,建构主义学习理论认为学习环境包含以下四个要素:

情境:与学习内容类似的情景。

协作:教师与学生之间、学生与学生之间平等、友好的支援和帮助。

交流(会话):在个体自主学习的基础上,在小组成员之间进行交流和讨论。

意义建构:学习的最终目标。

课堂的定义在于课堂是让学生收获更好学习内容的地方。

二、课堂的价值

多年来,我们总是被教学的表面形式所困扰:"满堂灌"的课不是好课,那么,"满堂问"的课是不是好课?"满堂练"的课是不是好课?"满堂动(学生活动)"的课是不是好课?"满堂学生讨论"的课是不是好课?运用信息技术手段的课是好课,用一根粉笔上下来的课是不是好课?学生热热闹闹的课是不是充满了启发?教师娓娓道来的"一言堂"是不是就没有启发?等等。其实,教无定法。多年来,用教学的形式和方法来评判课堂教学,人们从来就没有达成统一的认识。如果我们抛开课堂教学的表面形式,从对教育价值元素的考量上来评判课堂教学,也许我们更容易得出评价的标准,形成统一的认识。(刘长铭:《高效课堂的灵魂是什么?》)既然教育价值最终是指向综合表现为人文底蕴、科学精神、学会学习、健康生活、责任担当、实践创新等六大素养,那么我们可以说,对以培养"全面发展的人"为核心的教学就是好的教学,这样的课堂就是好的课堂。所以,好的课堂不是指单位时间内完成了多少学习任务,而是要看教师的教学在多大程度上关注了学生的综合表现,要看教师今天的教学在学生的未来发展过程中具有多少意义。

三、超越的目标

今天我们更看重的是课堂的本质,即"课堂是学生生命成长的原野"。课堂有其形式的优越性,学生进入课堂,能比较专注地研学一些未知的问题。课堂教学要落实文化基础、自主发展、社会参与三个方面,那么走向校外实践基地的培养也是一种有意义的课堂学习方式,但这种方式具有小众性。开发实践基地课程作为教育的另一种形式,是我们超越的目标,我们的超越即不再把课堂局限在教室,而是在大自然中、在学府、在任何一个地方进行学习。

构建21世纪教育体系,我们遵循去看看大自然、学会劳动、去高等学府、感受科技的脉搏等并回到课堂的思路,重新审视我们的学习。

看看大自然,我们历经十年开发了八个课程,让学生学习如何去劳作并建设一个智能农场,进行相应的"科学研究+劳动教育"。科学研究指利用农场中的生物资源、生产生活设备等进行相应的生物科学研究、物理科学研究、化学科学研究、地理科学研究等,例如,玉米株距对产量的影响、养鸡养鹅科学方法研究、鹅舍保暖系统的设计搭建、农业粪便等有机废物的处理、土壤品质与种植使用年数关系研究等,研究的问题与方向是非常丰富的。劳动教育是指在建设好智能农庄的基础上,提供给学校或组织进行研学活动,带领学生进行观摩研究,交流建设经验和思路分享等。走进高等学府，有十个研究项目期待和同学们一起走进知识的殿堂——这是本书系列的第二册，我们在高校开发适合中学生开展研究的课程，激发中学生心怀科学梦、勇于攀登的热情。

最终，我们大量的学习来自学校课堂，我们要回到课堂，体会学习的本质；回到课堂，我们懂得今天的学习不能只会做题而忽视对知识的应用，我们应该把学习的知识自觉应用到生活中的万事万物。

全书由黄跃涛编著并主审，本书第一部分为"汕头市中学科学素养黄跃涛科学实践基地项目研究案例"，其内容分别由黄晓菲、马千里、林团荣、林妙娜、陈爱玲、林滟、陈炫至、郑维鑫、陈伟佳等老师撰写；第二部分"回到课堂——物理情景建模分析"的内容由黄跃涛撰写。

黄跃涛

目录

- 自序
- 汕头市中学科学素养黄跃涛科学实践基地项目研究案例 ……………… 001

基地地质勘查研究 …………………………………………………… 001

基地电力系统建设的研究 …………………………………………… 013

十年科技实践基地饮水系统的构建 ………………………………… 029

沼气系统课例开发 …………………………………………………… 041

探究影响植物叶绿素合成的因素 …………………………………… 054

走进芦花鸡养殖基地 ………………………………………………… 070

智能鸡窝的开发 ……………………………………………………… 089

- 回到课堂——物理情景建模分析 …………………………………… 103

一、简单结构 …………………………………………………………… 104

  模型一：三角形结构 ……………………………………………… 105

  模型二：挂件模型 ………………………………………………… 108

  模型三：摩擦自锁问题 …………………………………………… 112

  模型四：动态平衡中力的变化模型 ……………………………… 114

  模型五：多体平衡 ………………………………………………… 118

  模型六：平衡中的极值和临界问题 ……………………………… 122

二、直线运动 …………………………………………………………… 127

  模型一：行车安全 ………………………………………………… 127

  模型二：多过程分析 ……………………………………………… 133

  模型三：斜面体的认识 …………………………………………… 139

  模型四：叠加体游戏 ……………………………………………… 145

  模型五：传送带 …………………………………………………… 149

  模型六：连接体 …………………………………………………… 154

三、曲线运动 …………………………………………………………… 159

  模型一：运动的合成与分解 ……………………………………… 159

  模型二:平抛运动 …………………………………… 163

  模型三:圆周运动传动装置 …………………………… 173

  模型四:水平面内圆周运动 …………………………… 182

  模型五:圆锥摆类 ……………………………………… 186

  模型六:竖直面圆周运动 ……………………………… 190

四、我和空间 …………………………………………………… 195

  模型一:万有引力与重力关系 ………………………… 196

  模型二:开普勒定律 …………………………………… 208

  模型三:发射和环绕 …………………………………… 213

  模型四:变轨问题 ……………………………………… 219

  模型五:双星研究 ……………………………………… 223

五、机械能 ……………………………………………………… 226

  模型一:机车启动 ……………………………………… 227

  模型二:动能定理 ……………………………………… 231

  模型三:机械能守恒 …………………………………… 235

  模型四:弹簧的功能关系 ……………………………… 239

文化自觉 ………………………………………………………… 243

> 汕头市中学科学素养黄跃涛
> 科学实践基地项目研究案例

基地地质勘查研究

一、活动背景——发现问题和确定实践方向

实践性是地理学科的一个重要特征。在中学地理教学中开展地理实践能力的培养,能够让学生将书本知识与生活实际相结合。在实践中学习,将书本知识转化成解决问题的能力。同时,还能培养学生的团队合作能力,拓宽视野,培养参与社会的服务能力、决策能力、自主解决问题与创新能力等,这些能力的培养对建设社会主义现代化强国所需要的复合型人才具有重要的意义。

于是我们希望,能够充分利用汕头市中学科学素养黄跃涛科学实践基地,促进学生地理实践活动的常态化;挖掘地理实践能力培养的素材,创造学生地理实践活动的机会。通过对学生地理实践能力的培养,改变现状,提高地理学科的吸引力。

二、活动方案——制订实践活动方案

本次进行地理实践的汕头市中学科学素养黄跃涛科学实践基地,位于潮州市饶平县浮滨镇。

饶平县北部千峰挺秀,中部丘陵起伏,南部平原沃野,沿海岛屿罗列,港湾众多。全境均属海洋性亚热带季风气候区。自然生态环境丰富多样,山、川、湖、海等各类生态资源兼备,高山、深谷、盆地、平原、海岸、沙滩,有"岭南佳胜地,瀛海古蓬莱"之誉。陶瓷业、茶叶和水产养殖业是饶平的经济支柱。

饶平属海洋性副热带季风气候区。常年光照充足,气候温暖,季风明显,雨量充沛,农作物年可三熟,作物生长条件良好。

据县气象站1956年、1985年资料,平均年日照时数2 114小时,太阳辐射量124.72千卡/厘米,年平均气温21.4 ℃,最热月为七月,平均温度28.1 ℃,极端最高温度38.6 ℃;最冷月为一月,平均温度13.4 ℃,极端最低温度0.8 ℃。初霜期12月31日,终霜期1月16日,无霜期349天。

饶平县年平均降雨日129天,降水量1 475.9毫米,年际变化较大,最多的

1983年达2 173.8毫米,最少的1962年为942毫米;由于地形关系,各地雨量也有差异,南部沿海年均1 277.2毫米,北部山地年均1 700毫米左右,西北部的新安、坪溪、新塘等处年均达2 000毫米以上。降水时间分布基本呈单峰型,上半年逐月增多,6月份为最高峰,以后又逐月减少。蒸发量年均2 025毫米,气压年均1 013.3百帕,相对湿度年均79%,本县常年盛行偏东风,次为偏北风及偏南风,西风极少。

实践基地位于潮州市饶平县中部地区的浮滨镇-坑内水库附近。占地面积约60亩[①],养殖牲畜有鸡、鹅、牛、马等,种植农作物有玉米、柚子、柠檬等。我们要进行的地理实践活动有两项:描绘基地平面地图和研究表层土壤的形态特征。

1. 描绘基地平面地图

地图是地理课堂的第二语言,具有形象、直观、信息量大、空间性突出等特点。现代地图信息具有高容量、表现形式多样化、主题鲜明突出等特点。其制图之精巧,比起文字表述,更具有生动性、可观赏性。另外很多地理知识来源于地图,或者在地图上可以得到求证。例如中国的"地大物博、壮美山河",可以在地图上得到确认。又如结合人口柱状图的发展变化,可以加深理解未来人口方面所面临的种种危机。相关知识获取的快捷性正是地图的魅力所在。

地图把众多的地理事物及其分布缩影在一起,能使学生一目了然。培养学生把教科书中抽象的文字知识与形象的地图联系起来,将所学的地理知识按照一定的空间方位储存在头脑中,以后只要一提到某一方面的地理事物,学生马上就会反映出相关的地图表象,进而可以迅速且较为准确地表达出相关信息内容。

妙用地图,可使繁杂的地理事物变为简单,直观的图像可以化抽象为具体,降低了教材难度,也容易在短时间内使学生产生学习的愉悦感,加深对地理原理、规律等知识的认识,同时也提高了学生的综合归纳能力。

地图如此重要,我们不仅要学会"用"它,还要学会"做"它。湘教版初中地理七年级第一章第二节《我们怎样学地理》的内容中,第一个活动就是"绘制平面草图"。让学生亲身感受地图与地理事物的关系,这不仅可以加深对地图的认识,也让学生充分了解"地图三要素",使学生对地图的认识从感性升华到理性。

在第一项地质实践活动中,我们要利用基础图,通过实地考察测量,在基础图上绘制基地的各个区域图,并用符号把景物画在图中的相应位置上,标上图例、方向,注上必要的文字。

---

① 1亩≈666.67平方米

1:20000

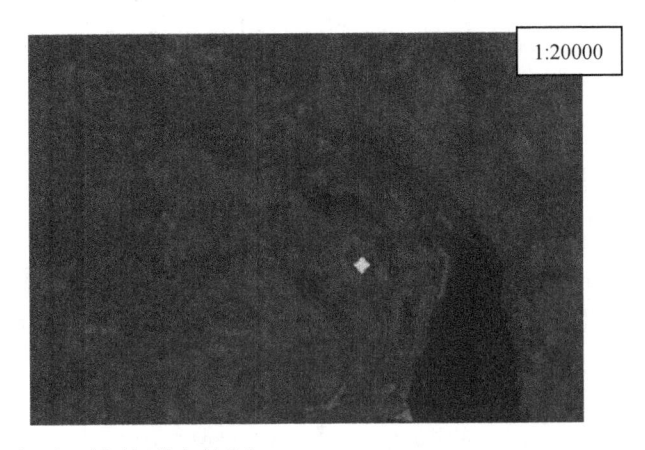

2. 研究表层土壤的形态特征

土壤圈是覆盖在地球陆地表面和浅水域底部的土壤所组成的一种连续体或覆盖体。土壤由岩石风化而形成的矿物质、动植物、微生物残体腐解产生的有机质、土壤生物(固相物质)以及水分(液相物质)、空气(气相物质)、氧化的腐殖质等组成。通过它与其他圈层之间进行物质能量的交换。

土壤是地球陆地表面具有肥力且能够生长植物的疏松表层,它是具有生物活性和孔隙结构的介质。土壤与人类关系十分密切,人类生存和发展所需的物质资源大部分源自土壤,故了解土壤、分析土壤、创造良好的土壤环境,是维护植物的正常生长发育、提高人类物质文化生活水平的重要保证。

土壤的形态特征与描述记录

(1) 土壤颜色

颜色是土壤最重要的形态特征之一,是判断和研究成土条件、成土过程、肥力特征和演变的依据之一,也是土壤分类和命名的重要依据之一。其既可以反映土壤的成土环境,也是成土过程的结果和土层性质的外在表现。

(2) 土壤质地

主要表现为土壤颗粒的粗细状况,即砂砾、粉粒和粘粒等粒级所占重量的百分数。

(3) 土壤结构

主要表现为土壤颗粒在自然状态下的胶结情况,其或者孤立存在,或者相互黏结在一起,形成形状和大小不同的团聚体。

野外判断方法:将原状土壤拿到1.0米的高度,自由落下,根据破碎形成的团聚体形态,判断其所属的类型,如团粒状、块状、核状、片状、柱状、棱柱状、单粒等。

(4) 土壤湿度

土壤湿度指土壤的干、湿程度,是土壤的自然含水状况的反映。

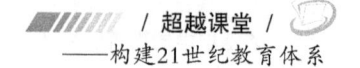

由于野外土壤含水量受天气影响,故判断土壤干湿度是相对的,只有晴天时表层土壤的相对含水量有意义。

野外判断方法:目视手测方法,用手感觉土壤凉湿的程度,以及通过用手挤压土壤是否出水来判断土壤的含水量。

(5) 土壤 pH 酸碱度

土壤溶液的 pH 酸碱度是反映土壤酸碱性的指标,在自然环境中,常见土壤的 pH 酸碱度变化位于 pH4~pH10 之间。大多数作物生长发育适宜的土壤 pH 酸碱度介于 5.5~8.5 之间。

土壤酸碱度类型	pH 酸碱度	土壤酸碱度类型	pH 酸碱度
强酸性	<4.5	微碱性	7.6~8.0
酸性	4.6~5.5	碱性	8.1~9.0
微酸性	5.6~6.5	强碱性	>
中性	6.6~7.5		

有很多方法可以用来测定 pH 酸碱度,如使用 pH 酸碱度指示剂、使用 pH 酸碱度试纸、使用 pH 酸碱度计等。

三、活动过程——开展研究实践活动

在确定实践活动项目之后,我们要先准备好活动所需的工具设备。

仪器和试剂:指南针、pH 酸碱度比色卡、石蕊试纸、蒸馏水、烧杯、玻璃棒。

作图工具:锄头、削土刀、空瓶子、钢卷尺、标签。

其他:记录本、铅笔、钢笔。

接下来就可以根据方案进行实践活动了。

1. 描绘基地平面地图

(1) 围绕基地边缘走一圈,在基础地图上描绘出大致范围。

(2) 把基地分成若干个小区域,逐一对每个小区域进行行走、测量,记录每个小区域的长度、宽度、功能,将各个区域按功能进行分类。

(3) 把所有记录的数据进行归纳整理,用符号把它们画在图中的相应位置上,标上图例、方向,注上必要的文字。

2. 研究表层土壤的形态特征

(1) 土壤颜色

土壤颜色是土壤对太阳辐射在视觉器官能够感受到的光谱范围内进行的选

择吸收和漫反射的结果。土壤反射的那部分可见光的颜色决定了土壤的颜色。对于自然土壤,颜色是表征土壤许多性质的重要形态学特征,颜色也是人们认识土壤最直接的依据之一。

土壤颜色跟土壤的成分和垒结状态直接相关。划分剖面发生层,颜色是首要的形态特征。颜色的各种变化是土壤物质内在性质变化的反映。土壤颜色的剖面变化对诊断土壤具有重要意义。根据土壤的颜色也可以对土壤的形成过程和肥力的高低进行初步的判断。

- **活动指引一**:在考察土壤颜色时,可以规定颜色分布的几种类型

单一颜色:土壤的颜色呈某种单一的色彩。

非单一颜色:各种色彩的土壤斑块以不同的几何图形交替出现,使土层染上不同的色彩。

斑块状颜色:某种色彩的斑块不规则地分布在其他颜色的底色上。例如,潜育层灰蓝色上有赭色斑块,或者网纹层浅红色底色上有浅白色斑块。

斑点状颜色:直径<5毫米的小斑点不规则地散布在另一种单一颜色的底色上,从而形成斑状颜色结构。

条纹状颜色:由不同色彩的条纹规则相互交替构成的颜色,例如,在斑马状黏土中浅黄色和浅红色条纹的相互交替。

大理石纹状颜色:由各色斑状和脉纹形成的奇异图案所构成的极为复杂的颜色,并且脉纹的颜色通常要比基质的斑块颜色更为鲜明。

观察表格记录:

	原始土壤	耕作土壤
观察地点		
土壤颜色类型		
颜色描述		

(2) 土壤质地

土壤中各粒级占土壤重量的百分比组合,叫作土壤质地,其反映土壤中不同大小直径矿物颗粒的组合状况。土壤质地是土壤的最基本物理性质之一,其对土壤的各种性状,如土壤的通透性、保蓄性、耕作性以及养分含量等都有很大的

影响,是评价土壤肥力和作物适宜性的重要依据。

土壤质地与土壤通气、保肥、保水状况及耕作的难易有密切关系。土壤质地状况是拟定土壤利用、管理和改良措施的重要依据。虽然土壤质地主要决定于成土母质类型,有相对的稳定性,但耕作层的质地仍可通过耕作、施肥等活动进行调节。不同的土壤质地往往具有明显不同的农业生产性状,了解土壤的质地类型,对农业生产具有指导价值及作用。

土壤矿物质是在风化与成土过程中形成的不同大小的矿物颗粒。土粒大小不同,其化学组成和理化性质有很大差异。可按照土粒粒径的大小及其性质,其可分成若干粒级。

在国际制中,根据粘粒含量将质地分为三类,即:粘粒含量小于15%为砂土类、壤土类;粘粒含量15%~25%为粘壤土类;粘粒含量大于25%为粘土类。根据粉砂粒含量,凡粉粒含量大于45%的,在质地名称前冠"粉砂质";根据砂粒含量,凡砂粒含量大于55%的,在质地名称前冠"砂质"。国际制的质地分类标准如下图所示。

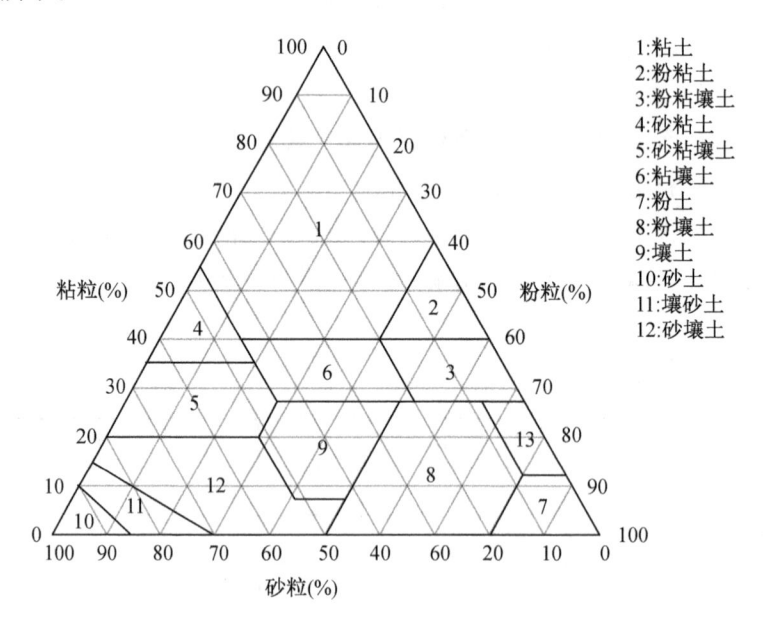

1:粘土
2:粉粘土
3:粉粘壤土
4:砂粘土
5:砂粘壤土
6:粘壤土
7:粉土
8:粉壤土
9:壤土
10:砂土
11:壤砂土
12:砂壤土

● **活动指引二:几种土壤质地测定方法**

① 密度计法

依据司笃克斯定律,随着沉降时间的增加,上部土壤悬着液的密度不断下降,利用特制的密度计(甲种密度计),在特定时刻读出某个粒级土壤颗粒在土壤悬着液中的颗粒密度(g/L),然后通过换算即可计算出该粒级在土壤中的百分数。密度计法比较简单、省时,但精度较低。

② 吸管法

吸管法也是根据司笃克斯定律,将土壤分散成悬着液,在特定的时刻吸取一定量的悬液,烘干称重,然后计算土壤颗粒的相对含量。吸管法比较烦琐,但精度较高。

③ 激光粒度仪法

其原理是利用一定波长的激光照射土壤分散液,激光遇到土壤颗粒产生衍射和散射,衍射和散射光能的空间(角度)分布与粒径有关,各颗粒级的多少决定着对应各特定角度处获得的光能的大小,各特定角度光能在总光能量中的比例,反映各颗粒级的分布丰度。该方法测定速度快,但仪器价格高。

④ 野外手测判断法

目视手测法。用手指捻磨或加水湿揉,初步判断该地类型。手测法主要依据土壤塑性的强弱来确定。

砂质土:含沙量多,颗粒粗糙,渗水速度快,保水性能差,通气性能好;

黏质土:含沙量少,颗粒细腻,渗水速度慢,保水性能好,通气性能差;

壤土:含沙量一般,颗粒一般,渗水速度一般,保水性能一般,通气性能一般。

这次实践活动,因为场地、仪器有限,我们采用野外手册判断法来测定基地的土壤质地。

	原始土壤	耕作土壤
观察地点		
土壤质地描述		
土壤质地类型(大概)		

(3) 土壤结构

土壤结构是指土壤颗粒(包括团聚体)的排列与组合形式,其包含两方面的含义,一是指各种不同的结构体的形态特性;二是泛指具有调节土壤物理性质的"结构性"。

土壤结构是成土过程或利用过程中由物理的、化学的和生物的多种因素综合作用而形成的结构，是各级土粒由于不同原因相互团聚成的大小、形状和性质不同的土团、土块、土片等土壤实体。按形状可分为块状、片状和柱状三大类型；按其大小、发育程度和稳定性等，可分为团粒、团块、块状、棱块状、棱柱状、柱状和片状等结构。

土壤结构体实际上是土壤颗粒按照不同的排列方式堆积、复合而形成的土壤团聚体。不同的排列方式往往形成不同的结构体。这些不同形态的结构体在土壤中的存在状况影响着土壤性质、相互排列、相应的孔隙状况等，进而影响土壤肥力和耕作性。

土壤结构和土壤质地状况有密切的关系，质地过砂或过黏的土壤结构往往不良。土壤质地是土壤很稳定的物理性质，其变化速度非常缓慢，很难大面积改变土壤的颗粒组成（质地类型），但土壤结构是可以通过人为培育进行改良的。

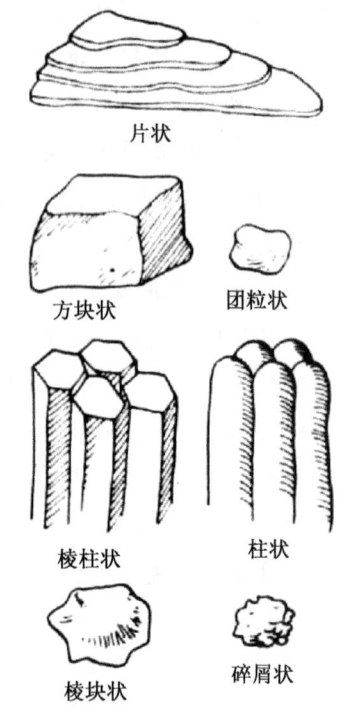

① 片状结构体

横轴远大于纵轴呈薄片状的土块，称为片状结构体。

在耕作历史较长的水稻土和长期耕作深度不变的旱地土壤中，由于长期耕作受压，使土粒黏结成坚实紧密的薄土片，成层排列，这就是通常所说的犁底层，犁底层的土壤往往呈片状结构。旱地犁底层过厚，对作物生长不利，影响扎根和上下层水、气、热的交换以及作物对下层养分的利用。而种植水稻的土体中有一个具有一定透水率的犁底层是很有必要的，它可起到减少水分渗漏和托水保肥的作用。消除旱地犁底层可采取逐年加深耕层的方法。

② 块状结构体

块状结构体属于立方体型。长、宽、高三轴大体相等，边面一般不明显，外形不规则，但结构体内部紧实。一般将轴长大于 5 厘米的称为大块状结构体，将轴长 3～5 厘米的称为块状结晶体，将轴长 0.5～3 厘米的称为碎块状结构体。

农民俗称的"土坷垃"就是在田间常见的块状结构体。块状结构体一般出现在有机质含量少、质地黏重的土壤表层，底土和心土层也常见到。表层土壤坷垃多，由于它们相互支撑，形成较大的空洞，加速了土壤水分丢失，漏风跑墒，还会压苗,使幼苗不能顺利出土。

③ 柱状结构体

柱状结构是指纵轴大于横轴,呈直立型。棱角不明显的叫作圆柱状结构体,棱角明显的叫作棱柱状结构体。

这种结构体大小不一,坚硬紧实,内部无效孔隙占优势,外表常有铁铝胶膜包被,根系难以伸入土层中,通气不良,微生物活动微弱。结构体之间常出现大裂缝,造成漏水漏肥。消除办法常采取逐步加深耕层,结合施大量有机肥料的方法进行改良。

④ 团粒结构体

在上述几种结构体中,块状、片状、柱状结构体按其性质、作用均属于不良结构体。团粒结构体才是符合农业生产要求的良好土壤结构体。

团粒结构特点:具有一定的大小和性状,直径在0.25~10毫米之间,为圆球状;具有较高的稳定性;孔隙粗细搭配合理,内部小孔隙多,团粒间大孔隙多。

微团粒结构是指直径小于0.25毫米的土壤团聚体。在团粒结构水田中,微团粒的数量比团粒的数量更重要,越是肥沃的稻田土壤,微团粒数量越多。土壤微团粒的测定有助于了解土壤由原生颗粒所形成的微团粒在浸水状况下的结构性能。

	原始土壤	耕作土壤
观察地点		
土壤结构描述		
土壤结构类型		

(4) 土壤湿度

土壤湿度亦称土壤含水率,表示土壤干湿程度的物理量,是土壤含水量的一种相对变量。通常用土壤含水量占干土重的百分数表示,亦称土壤质量湿度。

通常说的土壤湿度,即指质量湿度。还有用土壤含水量相当于田间持水量的百分数来表示土壤湿润程度的,称土壤相对湿度。

土壤湿度决定农作物的水分供应状况。土壤湿度过低,形成土壤干旱,农作物光合作用不能正常进行,会降低农作物的产量和品质,严重缺水会导致农作物凋萎和死亡。土壤湿度过高,恶化土壤通气性,影响土壤微生物的活动,使作物

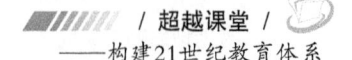

根系的呼吸、生长等生命活动受到阻碍，从而影响作物地上部分的正常生长，造成徒长、倒伏、病害滋生等。土壤水分的多少还影响田间耕作措施的选择和播种质量，并影响土壤温度的高低。

●活动指引三：介绍几种土壤湿度测定方法

① 重量法

取土样烘干，称量其干土重和含水重并加以计算。

② 电阻法

使用电阻式土壤湿度测定仪加以测定。根据土壤溶液的电导性与土壤水分含量的关系，测定土壤湿度。

③ 负压计法

使用负压计测定。当未饱和土壤吸水力与器内的负压力达到平衡时，压力表所示的负压力即为土壤吸水力，再据以求算土壤含水量。

④ 中子法

使用中子探测器加以测定。中子源放出的快中子在土壤中的慢化能力与土壤含水量有关，借助事先标定，便可求出土壤含水量。

⑤ 遥感法

通过对低空或卫星红外遥感图像的判读，确定较大范围内地表的土壤湿度。

⑥ 野外手测判断法

目视手测方法。当我们在野外进行剖面观察时，区分土层湿润的程度，一般以干、稍润、润、潮、湿等来衡量。以手试之，有明显凉感为干；稍凉而不觉湿润为稍润；明显湿润，可压成各种形状而无湿痕为润；用手挤压时无水浸出，而有湿痕为潮；用手挤压，渍水出现为湿。

观察表格记录：

	原始土壤	耕作土壤
观察地点		
土壤湿度描述		
土壤湿度类型		

(5) 土壤 pH 酸碱度

土壤酸碱度,即土壤酸度和碱度的总称。通常用以衡量土壤酸碱反应的强弱,其主要由氢离子和氢氧根离子在土壤溶液中的浓度决定,以 pH 表示。

在岩石风化后产生的大小颗粒中,那些极细的土壤胶体吸附氢、钠、钾、钙、镁、铝等离子,和土壤溶液中的离子处于动态平衡状态,彼此代换会影响土壤酸碱性。

因此,土壤酸碱反应的实质是土壤溶液中游离的氢离子和氢氧根离子存在比例的一个反映。当游离的氢离子浓度大于氢氧根离子浓度时,土壤呈酸性;反之,若氢氧根离子浓度大于氢离子浓度时,土壤呈碱性;若两者浓度相等时,土壤就呈中性。

● 活动指引四:介绍几种野外鉴别土壤酸碱性方法

① 看土源

一般采自山川、沟壑的腐殖土,多呈黑褐色,比较疏松、肥沃,通透性良好,是比较理想的酸性腐殖土。如松针腐殖土、草炭腐殖土等。

② 看土色

酸性土壤一般颜色较深,多为黑褐色;而碱性土壤颜色多呈白、黄等浅色。有些盐碱地区,土表经常有一层白粉状的碱性物质。

③ 看地表植物

在野外采掘花土时,可以观察一下地表生长的植物,一般生长野杜鹃、松树、杉类植物的土壤多为酸性土;而生长柽柳、谷子、高粱等地段的土多为碱性土。

④ 看质地

酸性土壤质地疏松,透气透水性强;碱性土壤质地坚硬,容易板结成块,通气透水性差。

⑤ 凭手感

酸性土壤握在手中有一种"松软"的感觉,松手以后,土壤容易散开,不易结块;碱性土壤握在手中有一种"硬实"的感觉,松手以后容易结块而不散开。

⑥ 看浇水后的情形

酸性土壤浇水以后下渗较快,不冒白泡,水面较浑;碱性土壤浇水后,下渗较慢,水面冒白泡,起白沫,有时外围还有一层白色的碱性物质。

要准确测定土壤的 pH 酸碱度,可多采用电极法或石蕊试纸比色法。用电极法测定土壤的 pH 酸碱度,既快又准确,但因要求高,目前很少用。

用石蕊试纸比色法测定土壤的 pH 酸碱度,方法简便。

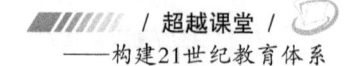

测试方法：先取样土一份，放入碗底，然后加入蒸馏水 2.5 份，用玻璃棒充分搅拌 1 分钟，待其静止澄清后，将一段试纸浸入清液中，试纸即变色，马上用变色的试纸与 pH 标准比色卡进行比较，即可直接得出 pH 酸碱度的值。

	原始土壤	耕作土壤
观察地点		
土壤酸碱性野外鉴别法描述		
土壤酸碱性		
土壤 pH 酸碱度		

> 汕头市中学科学素养黄跃涛
> 科学实践基地项目研究案例

基地电力系统建设的研究

一、活动背景——问题的提出

十年前,科学实践基地所在地是一片梯田,故其需要建设基本的生活生产设施,而基地地处偏僻山间,没有基本的供电设施,基地人员的生活、生产条件极为窘迫,故电力系统建设成为优先处理的项目。同时确定了"基地电力系统建设的研究"这一课题。

科学实践基地建设,首当其冲的是开展基础的设施建设,完成一个比较系统科学的基地规划。在科学实践基地的长期构建中,需要利用电力烧水煮饭、灯光照明、抽水泵安装、温室孵蛋等,故建设基地的电力系统非常重要。

传统解决生活、生产能源问题,使用的一些方式方法比较落后,例如,砍柴烧柴进行煮饭、照明,此方法相对来说污染较大,也破坏了当地的林木资源;另外,科学实践基地的种植业务需要大量用水,抽水泵以及蓄水池的建设所需用到的机器光靠柴油机解决,其耗资巨大,且噪音大、排期污染大,对基地的生产生活有严重的负面影响。引入电力可以提供稳定的清洁能源,对科学基地的建设成型有极大的帮助。又如养鹅业是反季节产蛋型禽类养殖,冬天鹅产蛋、孵蛋需要一个温室,其暖气可由电力提供动力解决。

• **活动指引一:怎样确定智能农场建设活动的主题**

综合实践活动课主题的确定很重要,不得过大、过宽、过偏,入口要小,才便于操作。综合实践活动的内容应与学生的生活实际紧密联系,选择学生感兴趣的话题,最好是学生生活中常见的又没特别留意,却又是值得学习、了解、探究的事物或现象。恰当有趣的主题,能增强综合实践活动课程的实效。今天我们就以"电力系统搭建"为主题,谈其在主题确立及分解实践活动中的有效指导。

1. 了解问题的来源

(1)问题来源于学生的生活实际。新课标强调要充分尊重学生的生活实际,要充分利用学生生活中的资源对学生进行教育。新课标的思想为综合实践活动的主题和内容提供了有益的指导,生活即教育的思想得到重视和体现。在学生生活经历中处处蕴藏着问题。为此,综合实践活动指导教师要积极引导学生认真体验身边的事和物,并就实际体验提出许多问题。

(2)问题来源于学科教学的延伸。新课标加强了学科间知识的融合,注重学科的综合性,由学科教学的内容延伸出综合实践活动的主题和内容。例如以"电力系统搭建"为主题的综合实践活动课,引导学生到各个农场去观察一下电力系统搭建后的情况,以及询问相关人士如何搭建电力系统及农场未来电力系统发展的设想等,还可以到网络上、书本中、图片里去搜集电力系统搭建的各种资料。

(3)问题来源于学生的兴趣。莎士比亚说过:学问必须合乎自己的兴趣,方才可以得益。有了兴趣,就会去关注、观察、思考,就可能提出问题。为此,综合实践活动指导教师要充分关注学生感兴趣的话题。教师可以从平时的观察中将学生的兴趣点汇集起来,从中选择受关注面比较大的话题作为综合实践活动的问题。

2. 培养问题意识,引导学生提出问题

(1)勤于观察周边生活,形成问题意识。问题意识是综合实践活动课程的重要价值之一。综合实践活动的许多活动主题都是从学生的问题中来的。如何引导学生提出问题呢?首先,教师要引导学生留心观察周围的生活,激发学生的探索欲望,引导学生发现问题、提出问题,逐步培养学生的问题意识。例如,电线是如何牵引的?电线的口径要选用多大?电线的材质要如何选择?只靠市电供电会不会电力不够?市区停电了怎么办?应急的供电预案应该怎么准备?在不断的问题中,逐步形成学生的问题意识。

(2)创设情境,开展讨论、交流并提出问题。要引导学生提出问题,需要教师精心创设一定的问题情境,营造问题环境和土壤,才能激起学生的问题欲和探究欲。这种问题情境,可以是真实的生活情境,如带领学生到实地去参观、感受和体验,从中发现问题、提出问题;可以是创设相关的虚拟情境,如给学生放映一段音像资料、提供一个新闻报道、表演一个现实事例等。

小试牛刀:尝试提炼科学问题

基地建设过程中,遇到了各种难题。设想一下,我们要在一片山涧空地建设一个基地,会遇到什么样的科学问题?让我们分组讨论,着重尝试从"电力系统建设"方面思考,放开思路,大胆想象。最后,各小组把想到的科学问题写下来。

发现的问题	提炼成科学问题

二、活动方案——提出假设和制订计划

提出问题只是科学研究万里长征的第一步。提出假设是我们研究的核心要素,我们实验结果能否有效反映电力系统建设的研究,在发现问题阶段,就要大胆提出各种电力系统建设的问题。

开展活动前,要明确我们的活动目标。

1. 通过调查,了解本地市电引入农村用户所涉及的政府部门、手续步骤、线材来源和相关费用等基本情况。可以通过与家长一起进行活动,如网上搜索资料或者电话咨询、采访等,了解各种电力系统搭建的细节,知道搭建的基本流程,学会收集资料。

2. 通过调查走访咨询,培养学生合作探究的能力和提出问题、分析问题、解决问题的能力,并培养学生的信息收集能力。

3. 通过走访调查活动,引导学生树立正确的劳动观念,端正劳动态度,养成良好的劳动习惯,并培养学生良好的道德品质。

4. 通过走访调查活动,引导学生体验劳动带来的喜悦,感受"一分耕耘一分收获"的喜悦。

5. 通过采访相关智慧农场企业技术人员,了解科技带来的方便,培养学生对技术的探究兴趣。

本课程设计主要以"智能农场——电力系统搭建"为例,通过走访调查和多方咨询等,使学生对几种电力系统如何搭建、搭建细节等有所了解,并在这一过程中学会进行调查研究及对设备设施进行搭建或模型搭建,提高综合能力。

(一) 提出假设

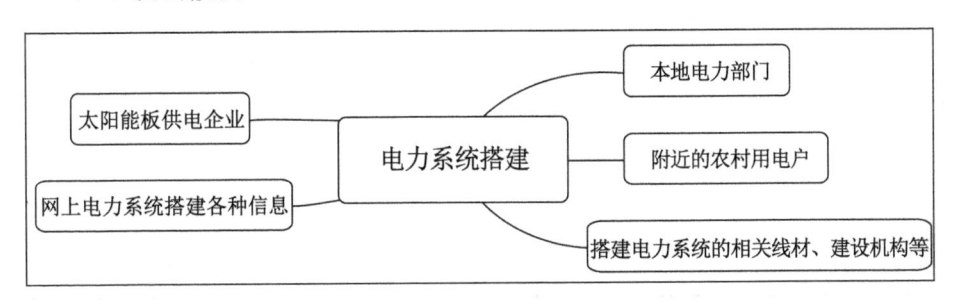

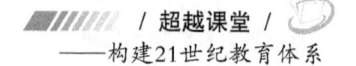

综合实践小组根据实践活动的相关性,用思维导图画出与电力系统搭建相关联的人、部门及项目,然后采用文献法和实地考察、调查访谈的方法开展研究,并根据研究结果绘制活动蓝图,提出各种解决电力系统建设问题的假设。

●活动指引二:如何提出假设

假设是对研究对象的特征以及有关现象之间的相互关系所作的推测性判断或设想,它是对问题的尝试性解答。由于这种设想目前还未获得充分的证据,因此该假设需要在调查研究中加以证明。在研究"基地电力体系建设"时,其中的一个课题是"电力的来源是什么?"针对这一问题,可提出"如何看待太阳能供电板提供全部用电的成本及实现的可能性"。

(二)制订计划

根据已有的知识和生活经验,针对基地电力系统建设的问题及答案提出假设后,制订相关的实施计划。

●活动指引三:参考以下的活动计划表,做好小组计划

_____活动计划表

活动主题	
时间	
地点	
人员	
组长	
分工	
过程	
注意事项	

三、活动过程——开展实验探究

（一）搜索文献资料

引导学生利用多种渠道搜索文献资料,可以从以下几个方面来搜索:(1)采购。到新华书店、购书中心查阅和订阅相关资料,或到大型图书展、有关书店购买与电力系统建设相关的资料。(2)到图书馆借阅、查找相关资料。(3)向老师或专家求助。(4)网上查阅。许多信息网上都有,可以到网上免费图书馆进行查阅,可以用搜索引擎查找相关资料,也可以到研究性学习网站进行查阅,还可以到 BBS 论坛发求助帖子,请别人帮忙等。

（二）进行实验探究

1. 电力系统搭建的准备工作

（1）帮助学生认识与掌握正确、安全使用各类电器的知识,以及电路中的各种基本设施。我们大部分学生学习的电路知识基本在课本中,较少有实践性的认识。基于此现象,我们在指导学生调查之前,有必要先帮助学生认识各类电路设备及其使用知识,包括相关原理学习。这样,才能让学生在实践中提高调查效率,并避免一些安全隐患。

（2）提醒学生在参与电力系统搭建时的注意点

团结协作:分工不等于分家,更不是互不干涉。活动中需要互帮互助,如模型搭建时互相提醒配合、调查采访时要做好问题准备等。

文明道德:活动时无论与人交流的语言还是行为,都要文明。不能只顾自己动手而影响他人,更不能为了自己的利益而去破坏他人的劳动成果。

注意安全:活动过程中可能会用到各类设备,同时也需要用到电,而且又是多名学生一起劳动,这就存在一定的安全隐患,要提醒学生规范使用设备,千万不能把设备当成"玩具",更不能当成"武器"。

做好过程性管理:在整个活动的过程中,教师要与学生一起做好具体计划和每个阶段的工作记录及小结,并做好后期总结。

2. 准备材料用具

准备太阳能板、导线、电压表、灯泡、钳子、铁丝等。

实施实验:带领学生前往汕头市中学科学素养黄跃涛科学实践基地,观察电力系统搭建实践的指导(与家长、相关教授联系)。

（1）在教授的指导下,帮助学生认识电力系统的搭建过程,了解从发电方式的选择,到各种发电方式的实际情况,以及各种方式发电设备的搭建过程等。其次,我们还要指导学生学会如何辨识相关的电力设备,真正在实践中了解农场的电力系统搭建状况。

（2）引导学生进行科学电力系统搭建。播下种子，等着丰收是一种希望。一分耕耘一分收获，没有付出辛苦的劳动，怎么会有丰收的喜悦？所以，让学生观察并记录农场的电力系统模型是至关重要的一环。俗话说"知己知彼，百战不殆"，了解情况，才能做到灵活应对各种问题。掌握好农场的电力系统搭建情况并建立模型，对农场基础设施的搭配起着事半功倍的作用；反之则事倍功半。所以在指导学生搭建电路模型的同时，要引导学生了解相关的专业设备名称、基本搭建方式，便于更好地指导实践活动。

（3）指导学生观察农场的各种电力设备，辨别各种基础电路设备设施。观察也是搭建活动的重要一环。通过观察，可以帮助学生了解、掌握农场周围的地理环境及相关资源分布情况，并分析下一步农场的电路设施应该怎么设计。帮助学生学会辨别各种电路设备，这不管是对知识还是生活经验，都是一种很好的积累。那么怎么辨别各种电路设备呢？主要是引导学生从课本知识、网上资料、实际设备外观或者参数铭牌等方面去辨别。

（4）指导学生正确认识线路连接。在规划设想新发电模式的时候，应该怎样才能让新发电模式有科学合理的线路布局。

- **活动指引四：如何控制变量**

这次研究的电能来源方式包括市电、太阳能、沼气能。研究时，每次只用一种来源的电进行研究，其他两个方式的电源暂且切断。

实验一：太阳能供电路灯，太阳能自动监控装置。将鸡笼附近区域和牛场监控起来，以求达到规避猫豹等食鸡动物的骚扰，及时做出反应。

目前智能农场尚未组装太阳能电力系统，学生制作初始应用模型，并帮助将来智能农场电力系统升级加强。

研究过程：（以太阳能小车为例）

1. 先准备好基本的太阳能发电板、导线、变压模块、马达、小汽车（设定为用电设备）。

2. 通过导线连接相关模块。

3. 通过放置阳光下的运动表现，适当更换相关模块，调节参数。

4. 总结问题，考虑升级加装蓄电设备，做下一步规划。

原理：通过太阳能发电板，接受太阳光照射并进行光伏转换；通过导线，将电能供应给变压模块，达到相应的伏特数后，再通过导线将电能传递给马达，使马达在额定电压下工作并驱动小车前进。

优点：可以吸收自然界光能并使用电设备进行工作。

创新点：节能环保，农场智能化的发展方向。

改善设想：加装蓄电模块，能够储蓄电能，以备不时之需。

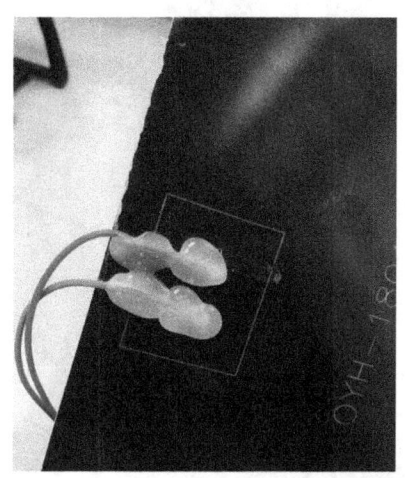

基本电路图：(蓄电池模块预设)

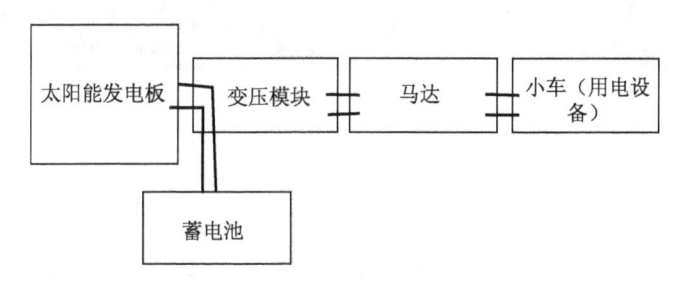

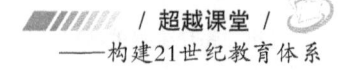

学生制作过程记录图：

太阳能发电系统模型成果图：

实验二：探索沼气池

农场在生产生活过程中会产生不少的污水，污水中含有大量的有机物质，直接排放到天然水系中会使水体富营养化，致使病菌、微生物、藻类大量繁殖，严重时水体发黑发臭。由于污水严重威胁农场周围的生态环境，所以污水净化越来越引起各界人士的高度重视,其也是社会发展的必然,更是人类文明进步的标志。

建造沼气池,将污水排入其中并净化,还能产生沼气,提供一定的能量,可用于烧饭煮菜等。

沼气池上表面(图三为入料口)

实验三:太阳能发电系统

太阳能配套装置预期设想:太阳能发电系统家用 220 V 3 000 W 储能光伏发电机离网发电板全套,其中包括太阳能发电板、导线、发电一体机、储能深循环蓄电池等。

太阳能发电系统家用 220 V 3 000 W 储能光伏发电机离网发电板全套的组建:购置设备后,在房屋顶端设置好防水支架,再铺设光伏发电板,连接电线到室内并做好相应的工作;相应的市电连接和各种使用电器的连接按照相应的设计

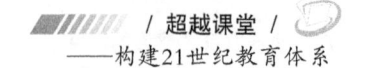

规范进行完成。在天气不好或连续阴雨天时可启动市电充电模式,有效防止电池欠压影响电池寿命,做到稳定发电。

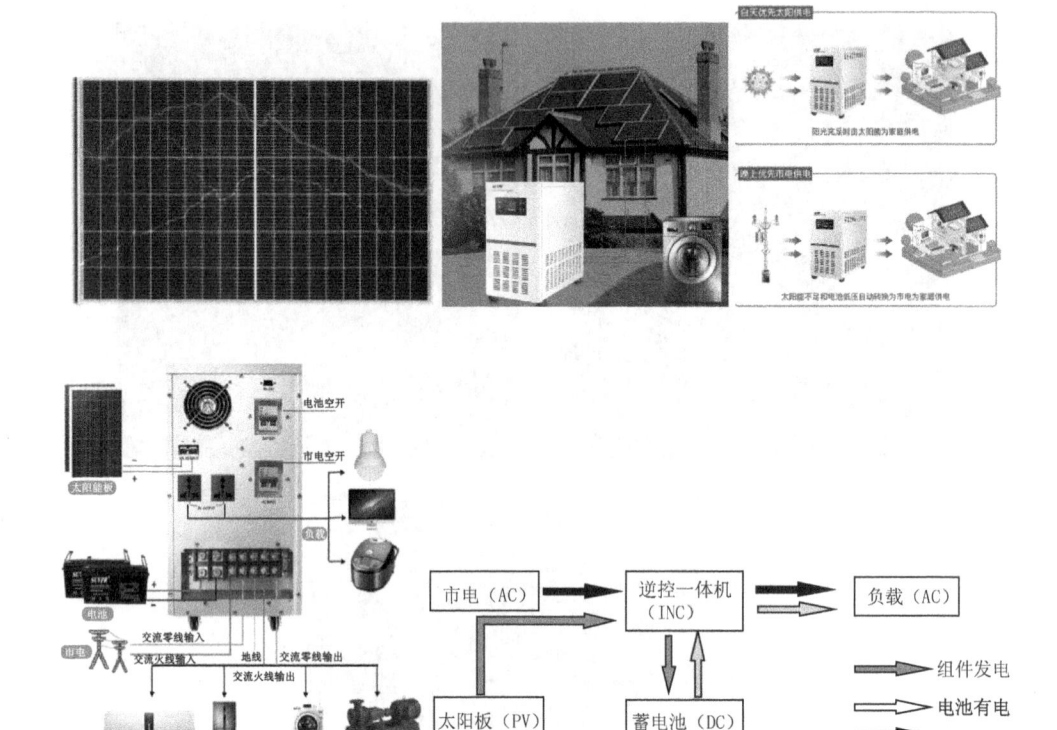

- **活动指引五:如何做好电力系统搭建的记录**

做好记录,不管是对学生的实践活动,还是对以后活动的分析总结,都有莫大的帮助。辅导学生做好搭建实践记录,就要明确地告诉学生怎么做。

管理日志:可以用表格的形式记载管理过程和其中发现的问题、解决的方法、引发的思考等。

观察日记:要记清楚观察所得,特别要写清楚观察对象的参数,如额定电压、额定电流、额定功率、内部电路图、制造公司等。也可以直接拍摄下对象铭牌、外观等。

活动感受:可以围绕印象深刻的事谈谈自己的想法,也可以抓住重要活动环节进行分析,还可以是叙述一次活动引发的思考等。

/ 基地电力系统建设的研究 /

● **活动指引六：如何进行采访？**

一、设定采访计划

1. 修订并完善各小组的采访计划。

2. 进行现场模拟采访，并掌握提问的技巧。

3. 能正确评价他人的采访，并能做好采访记录，写下采访体会。

4. 提问：采访之前应考虑哪些问题？（做哪些准备）

5. 梳理：确定采访小组并进行分工、确定采访小组对象、明确采访主题、确定采访时间、撰写采访提纲（即怎样提问）。

二、修改完善采访计划

1. 召开小组会议，讨论采访提纲。

2. 组长分组：各专题小组分成两个采访小组。

3. 确定采访对象，并通知采访内容（小组长于课前将采访提问告知采访对象老师或学生）。

4. 写好采访计划表（课堂完成）。

三、现场模拟采访指导

1. 根据计划完成情况，确定1~2组进行现场模拟采访。

2. 评价采访情况，教师根据学生的意见进行归纳小结，如采访时用语、采访时的提问等。

四、各采访小组模拟采访

1. 小组模拟采访。

2. 采访对象评价。

3. 学生谈采访体会（收获、感言等）。

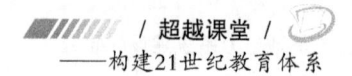

小试牛刀：围绕你们组的实践活动主题，进行一次采访活动，并记录收获！

采访主题	
采访对象	
对象	
摄像	
时间	
记录	
总结	

_____ 活动报告

活动内容	
参加人员	
时间	
设备器材	
操作步骤	
活动发现	
结论	

四、活动成果——撰写研究报告

研究报告是用来进行科学研究和描述科研成果的文章。对于学生来讲,经过一段时间的辛苦研究,取得了第一手素材,应对经过处理后的资料加以分析,探寻其优缺点,找出内在原因并加以论证,作出结论,提出建议,如此所形成的文字就是研究小报告。有的同学很怕做这一工作,以为撰写研究报告是个高深的工作。实际上,这个工作只是你的一篇带有研究性质的作文而已,只要牢记这样一个宗旨:中心突出、简洁明了,那么无论撰写哪一类型的研究报告,都会成功。这个报告是写给别人看的,所以,应该站在读者的角度去思考如何把你所做的工作表达清楚。应该让读者很快地明了你所做的工作是个什么样的工作,你为什么做这件事,你所采用的研究步骤是怎样的,你遇到了哪些问题,这些问题是如何解决的,你的结论是什么。通过报告可以了解你究竟都做了哪些工作,从而支持你的观点。我们与学生通过多次尝试后,以农场电力系统为例形成以下简要格式。

农场电力系统情况:根据农庄的地理位置分布,以及当时所在地是一片偏僻之地,从山下到农庄所在的地方所需要建设的道路也还未开辟好,供电设施的建设一开始是比较空白的,考虑到多种能源提供方式以及农庄附近的地理环境与社会环境,有几种电力提供方式可以参考:引入市电、沼气发电、太阳能发电、风力发电。

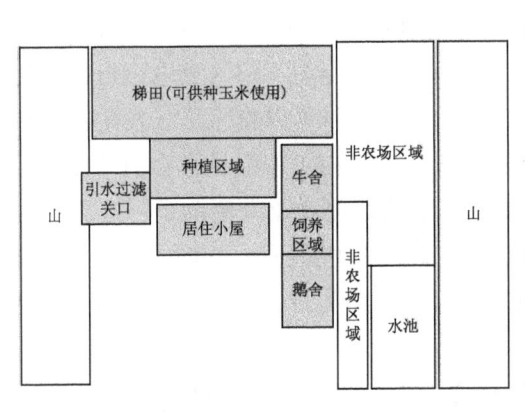

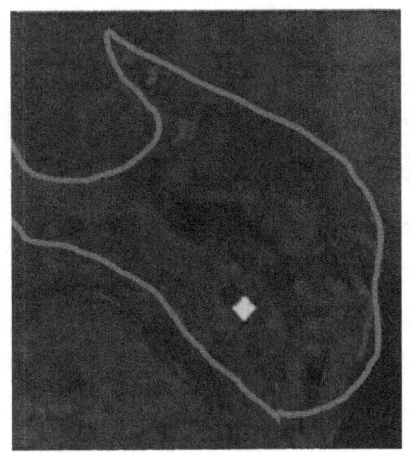

(用作图软件画较清晰的规划图)

流程:建设好基本的市电电线牵引工作,再建设沼气池以及沼气利用设施,建设太阳能发电设施以及太阳能储电供电设施。

做好拉接电线等基本设施建设工作,从山下较远的地方连接电线过来,加上线路后半段大部分采用的是铝线,其线损比较大。

考虑国家大力扶持农村沼气发展情况,每家每户有1 200元的沼气建设补助,结合农庄开展的养殖业务产生的粪便等条件,沼气池的建设是值得考虑的,与此配套的沼气发电、用电设施或者沼气直接燃烧利用装置也是需要进行相应的配套建设,以实现资源的可持续利用。

目前阶段,因为沼气腐蚀性太强的原因,导致沼气发电机(类似柴油发电机)部件腐蚀损坏很快,1~2年就无法使用了。故沼气目前主要是用来烧饭、煮茶等生活用途,也无法用在日常生活中的淋浴中,因为8立方米的沼气池不够用,淋浴需要使用的沼气量太多,在冬天时更加明显。所以当前农庄淋浴所使用的热水器还是靠市电供电使用。结合最近几年太阳能热水器的迅猛发展,太阳能发电板以及相应的供电储电技术的成熟,应考虑引进相应的设施,实现农村太阳能的利用,减少市电的使用,达到可持续发展的目标。

沼气发电系统建设项目:8立方米沼气池的建设,沼气发电机的配备。

在生活的屋子旁边建设一个沼气池,挖好一个8立方米左右的土坑,再用水泥浇筑并整理成圆柱形,设置好进料口和出料口,在底部成斜面以供出料,并完成进料口、出料口与沼气池主体部分的连通,并在圆柱形水泥主体上加上封盖。除此之外,搭建好沼气引出管道以及过滤有毒气体的沼气净化装置,并将其中一部分连接到沼气发电机。沼气发电机发电原理与柴油发电机类似,都是火力发电。

沼气发电机是指利用沼气进行发电的发电系统,其主要设备有沼气发电机组、发电机和热回收装置。工作原理是沼气经脱硫器,由贮气罐供给燃气发电机组,从而驱动与沼气内燃机相连接的发电机而产生电力。沼气发电机组排出的冷却水和废气中的热量通过热回收装置进行回收后,可以作为沼气发生器的加温热源。沼气有一定的腐蚀性,沼气发电机经过两年的使用,通常会损坏并且无法继续使用。沼气目前在智能农庄中只应用到处理农业粪便以及一些厨余垃圾、煮饭烧茶、生产肥料等方面。在供电方面,农庄主要还是靠市电维持,考虑到线损,亟须发展第三种发电方式:太阳能发电,以期利用农场充足的光照来满足基本的生产生活需要。

风力发电模式,农场所在区域风力情况不佳,此种模式搭建暂不考虑。

结合以上三种发电供电方式,智能农庄的电力供应是相当充足的,可以应对市电断供情况、雨天无光照、沼气不够用等特殊情况,其中沼气发电和太阳能发电充分利用农业粪便和生产生活中的有机废料以及山区光照条件,实现了资源的高效利用以及产生绿色环保节能的效益。

•**活动指引七：如何撰写科技小论文**

科学小论文就是将一项科学技术实践活动如实地表达出来，从中发现、提出问题和解决问题的文章叫作小论文。论文三要素是指论点、论据和论证。小论文应具有科学性、创造性、实践性。

科学研究的基本步骤：

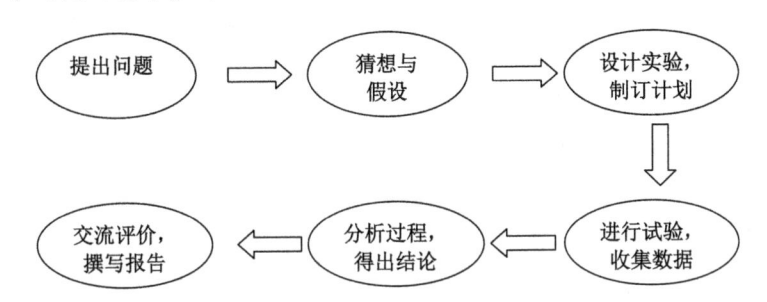

提出问题 ⇒ 猜想与假设 ⇒ 设计实验，制订计划 ⇒ 进行试验，收集数据 ⇐ 分析过程，得出结论 ⇐ 交流评价，撰写报告

科技小论文的步骤：选题、收集材料、观察和实验、论证、形成论文。

科技小论文常用的类型有：观察报告、实验报告、考察报告、调查报告、说明小论文、学术性专题论文等。

五、活动评价——交流与反思

（一）开展活动评价

综合实践活动是一门综合性的、关注学生生活经验的课程形态，因此对综合实践活动的评价不能采用传统的考试方法，而应该从整体方面进行评价。

1. 关注学生主体。综合实践活动是以学生现实生活中的主题及问题为中心素材的，其独特价值集中体现在学生经验和体验的获得上，因此综合实践活动的评价要关注学生的获得经验是否丰富、精神生活是否充实、生活方式是否完善等。即学生在综合实践活动中，走近自然认识了多少的自然现象和事物，走入社会认识了哪些社会部门，结交了哪些社会人员，与学生（社会人员）进行了什么样的合作和交往，并在自我反思中不断发展自我，形成自己的认知并提高学识。

2. 关注活动过程。过程决定结果，主要评价体现在：学生参与态度是积极主动的，还是被动应付、勉勉强强的；是否完成自己的任务；是否与同伴积极合作和探究；是否能提出一些自己的设想和建议；是否能收集、整理、分析资料，形成结论或报告；是否能反思自己活动过程中的缺陷和不足，写出自己的体会。

3. 关注活动结果。对结果的评价可允许采用多种多样的形式进行,但总的来讲要看到学生的多元特点,尽量发掘学生的潜能和闪光点,不能忽略学生的"奇思怪想"和"歪点子",不要伤害学生的自尊心和人格,能保持兴趣继续开展活动,体验到综合实践活动开展所带来的愉悦。

4. 关注教师的指导。综合实践活动的成功开展和有所作为,少不了教师的指导。对指导教师的评价主要可体现在:实践活动的设计是否合理和可行;组织是否有号召力;团队成员是否合作与沟通;活动指导是否有效和亲历亲为;活动评价是否客观和公正;是否能形成自己的反思,促进进一步发展等。

(二)进行自我反思

做好活动的分析、总结与评价,既是对学生实践活动的一种肯定,也有利于经验的积累与推广,为以后的活动提供各种依据。而总结评价的主要依据就是班级实践活动方案、小组(个人)活动方案以及管理日志、观察日记、阶段性小结、学生的活动感受等资料。总结要从正反两方面去做,既要有成功的经验,也要有失败的教训,不能报喜不报忧、走过场。主要根据计划对照过程进行评价,力求理论联系实际,尽量用数据说话,要做到深入、翔实,切实起到推动与提高的作用。

家庭是孩子的"第一所学校",家庭生活五彩缤纷,其资源不可小看。住在农村的学生所使用的发电模式,就是我们可以利用的"原始资源"。而且,家里有经验的每一位家长都是学生最好的辅导老师,可以一对一地指导孩子,给孩子介绍各种电力系统搭建知识。

假日里,学生可以和家人一起进行电力系统的搭建学习,直接在实践活动中向大人讨教经验,以指导我们校内的实践活动。另外也能从家长口中学到常用的、与电力系统搭建息息相关的电路设备基本原理、作用等知识,让孩子从实践中得到快乐,学会独立思考和提高动手能力。

> 汕头市中学科学素养黄跃涛
> 科学实践基地项目研究案例

十年科技实践基地饮水系统的构建

前言

水是生命之源，是承载生命的基础。几十亿年前，最初的生命体诞生于水中。在人类几千年的发展历史中，我们一直在寻找适宜的生存环境，而水是评价一个环境是否适合人类生存的重要标准。纵观我国历史，最辉煌的文明都集中在黄河、长江流域，由此可以看出水对于一个文明的发展是多么的重要。随着历史的变革，时代的变迁，我们的生活方式虽然发生了巨大的变化，但是水的重要程度不曾改变过。可以说，如果没有水，人类将无法生存。

水是实现人类生命活动的必需品，为各种生产和生活实践提供物质基础。俗话说："人能三日无粮，不可一日缺水。"据生理学研究表明，一般人不吃食物，大概可存活四周，但如果滴水不进，在正常状态下只能忍受三天左右。若在炎热的夏季，恐怕一天也难以度过。

另外，水也是自然资源的重要组成部分，是连接所有生态系统的纽带。如今，由于工业的兴起，各类化工厂的兴建，各地矿业的开发，河流沿岸工厂的污水排放，都对水源造成了不同程度的破坏。环境污染严重危害了水质的安全，饮用水安全形势十分严峻，同时人们对饮用水水质的要求也越来越高。

一、活动背景

过去，教师一味地灌输知识，片面要求学生追求较高的学习成绩，使学生习惯性沿用教师常见的教学思路进行问题的思索，从而产生过度的依赖心理，自主学习意识变得薄弱，其质疑思维与创新能力也无法得到发展。现今，核心素养要求指明了课程改革的新方向，教师更应该关注"学生该学什么，学会什么"。在高中化学学科中构建核心素养体系，不仅能够帮助学生更好地学习化学知识并提高成绩，助力学生高考，同时还能促进学生的全面发展。化学学科核心素养是指从化学学科角度达到促进学生终身发展、成功生活和社会良好运转之目的，以化学知识、化学思维、化学观念为基础等，形成的具有化学学科特征的素养，其包括

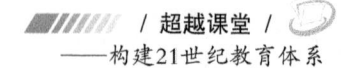

"宏观辨识与微观探析""变化观念与平衡思想""证据推理与模型认知""科学探究与创新意识"和"科学精神与社会责任"五个维度。

苏霍姆林斯基说:"在人的心灵深处,都有一种根深蒂固的需要,就是希望自己是一个发现者、探索者。"在一次偶然的机会中,与基地负责人谈起基地的起源,十年前他辞去高薪的工作,毅然买下山里的这块荒地,从开垦荒地开始,慢慢筑起了他的一片小天地。谈起这些,他娓娓道来,眉目间总是自然流露出平淡而笃定的神情。其间,我们边饮茶边聊天,发现茶很是甘醇清香,负责人便提到这是山泉水冲泡的原因。山泉水甘甜,水温稳定,含有一些对人体有益的矿物质及微量元素,若无受到污染,是十分理想的饮用水源。随着人们生活水平的提高,对饮用水质的要求也越来越高,山泉水受到了人们的青睐,甚至有些市民特意起早去附近山上取水喝。负责人说道,在最初的建造中,首先要考虑的便是水源问题,没有水源就没有办法实现基地建造的设想。而山泉水水质好,一般无须净化处理,不容易受到污染,处理设备简单,成本造价低,于是便决定引山泉水作为基地的基础用水。同时还要关注水质检验、确定枯水期水量及水源保护等问题。

出于对整个饮水系统如何建立与运行的好奇心,我们成立了一个实践小组,决定开展一次主题为"十年科技实践基地饮水系统的构建"的科技实践活动,运用所学的化学知识了解饮水系统的构成,从中进行实验探究并整合改进,让化学理论联系社会生产、生活等实际,感受化学知识在人类发展、社会进步中的作用,以期在实践活动中起到拓宽知识面、强化实验探究和创新意识、体会科学精神与社会责任等作用。同时也为基地饮水系统的修缮提供合理有效的建议,加深同学们对水资源开发利用的认识,从而更好地去珍惜和保护水资源,保护我们的地球母亲。

二、活动方案

在确定了课题之后,我们开始制订活动方案。首先通过资料查找、调查访问、实地考察等方式搜集信息,其次对信息进行归纳整理与分析,确定课题的主要探究内容,并制订详细的实践计划。

(一)搜集信息

搜集信息的方式有许多,可以通过查阅资料、网络搜索、实地考察、咨询专业人士等方式获取我们需要的信息。

1. 实地考察科技实践基地

本次进行实践活动的广东省汕头市中学科学素养黄跃涛科学实践基地位于广东省潮州市饶平县浮滨镇。

基地具体位置在潮州市饶平镇中部地区的阜平镇坑内水库附近,占地面积约 60 亩,其中用山泉水为作为日常的生活和生产用水,适合学生对饮水系统的构建进行科学的探究和合理的规划与分析。

2. 访问基地建造者

学生们虽然具备一定的化学知识基础,但没有尝试过用化学理论指导生产生活实际,对饮水系统的建成也并不了解,所以在实践前需向经验丰富的负责人进行采访。

访谈对于我们来说是一种全新的方式,访谈分为"面谈"、"书信谈"和"电话访谈",随着网络的发展还有"网络访谈",它能帮助我们深入了解所研究问题的相关信息,因此访谈法是课题研究中主要的研究方法之一。

初次我们采用面谈的方式,采访了实践基地负责人。在访谈过程中,基地负责人阐述了基地建造初期和山民一起寻找山泉水水源,以及在引水工程的初步设计和建造过程中遇到的困难,我们都收获颇多。在后期的探究过程中,我们也多次通过电话、网络等方式对基地负责人进行了访问,对于饮水系统的整体构建都有了更深刻且全面的了解。

搜集到大量的信息后,对于这些信息,我们应该如何归纳整理才能理清探究的思路?

●活动指引一:如何进行信息的归纳整理?

在这里,介绍一种有效的分析方法:MECE 分析法,其是一种分析问题的方法,对于一个重大议题,能够做到分类不重叠、不遗漏,而且能够借此方法有效把握问题的核心,并解决问题。所谓不遗漏、不重叠,指在某个整体(不论是客观存在的,还是概念性的整体)划分为不同的部分时,必须保证化分后的各部分符合以下要求:(1) 各部分之间是相互独立的(*Mutually Exclusive*);(2) 所有部分完全穷尽(*Collectively Exhaustive*)。"相互独立"意味着问题的细分是在同一维度上并有明确区分、不可重叠的;"完全穷尽"则意味着全面、周密。

MECE 的 5 种分类法分别是:

1. 二分法

这个分类方式在日常生活中比较常见,其实就是把信息分成 A 和非 A 两个部分。比如国内、国外;他人、自己;成年人、未成年人;左右;男女;收入和支出等。

2. 过程法

按照事物发展的时间、流程、程序等,对信息进行逐一的分类。比如在日常

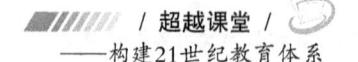

生活中制订的日程表，解决问题的6个步骤，达成目标的3个阶段等，都属于过程分类。过程分类法特别适合在对项目进展的把控和阶段的汇报上。

3. 要素法

把一个整体分成不同的构成部分，其可以是从上到下，从外到内，从整体到局部。比如说优秀员工的7种品质、公司的组织架构图等，这种分类方法适用于说明事物各个方面的特征。

4. 公式法

按照公式设计的要素进行分类，只要公式成立，那这样的分类就符合MECE原则。比如，销售额＝单价×数量，这里就是把销售额通过公式拆解成了单价和数量。此法考察对信息的归纳、整理能力，能不能用一个公式的方法把信息进行不重不漏的整理，也体现一个人结构化思考的能力。

5. 矩阵法

这种分类方式也很常见。比如我们在安排任务先后顺序的时候，有一种分类方式，是把所有任务分成以下四种：(1) 重要且紧急；(2) 重要不紧急；(3) 不重要但紧急；(4) 不重要也不紧急。然后可以把它们填到4个象限当中去，这4个象限就是2×2矩阵。这种分类方式就叫作矩阵法。

我们采用要素法对搜集到的信息进行了归类：

引入山泉水 → 工程设计 → 最终净化：净水器 → 水质检测

(二) 制订计划

根据搜集到的信息，我们制订了相应的实施计划。

课题	十年科技实践基地饮水系统的构建		
参与人员			
探究方法	调查法、观察法、实验法		
探究内容及人员分工	1. 山泉引水工程基本设计		
	2. 了解净水器原理		
	3. 水质检测		
可能遇到的困难			

三、活动过程——开展研究实践

（一）搜集文献资料

为做好实验探究前的知识储备工作，我们小组搜索相关网站，重点利用"中国知网""万方数据库"等专业的学术数据库查找相关资料，并对获取的资料进行了筛选、整理和归纳。通过搜集资料，我们了解到以下内容：山泉水的综合应用；饮水工程如何设计；家用净水器的组成和现状；净水器的过滤效果；饮用水水质检测的标准；什么是水的硬度，以及水的硬度实验方法等。

（二）进行实验探究

1. 山泉引水工程基本设计

山泉一般在深山里，周围环境污染概率低，水源的质量有保证。据资料表明，桉树的种植会影响水质，桉树分泌的化感物质进入水体可能会导致饮用水的安全问题，所以尽量避免在桉树林中寻找水源。选择水源时，要在山泉所在地进行相应的调查、了解和观测。掌握山泉水量的四季变化，枯水期最小流量应满足用水需求；另外也应对所取水样进行水质检测，水质应符合国家饮用水卫生标准。卫生标准达不到的水源要采取相应的净化处理措施，净化后仍不合格者，则不能选用。

由于山泉引水工程不需要电力及其他提水设备，其只需要靠重力流入供水管道。日常运行管理方便，维护保养比较容易，可以节约大量的人力和物力。工程构成比较简单，施工难度低。

2. 了解净水器原理

为改善家庭生活饮用水水质质量，人们普遍使用净水器来改善水质质量。滤芯是净水器最重要的组成部分，滤芯的好坏决定了净水器的使用寿命和出水质量。滤芯能有效去除水中的色度、臭味、颗粒物、细菌、有害化学成分等，从而保证了饮用水的安全。根据滤出水用途的不同，滤芯的种类可以分为以下几类：① 活性炭滤芯；② PP滤芯；③ 陶瓷滤芯；④ 树脂滤芯；⑤ 钛棒滤芯；⑥ KDF滤料；⑦ 纳滤膜；⑧ 中空纤维超滤膜；⑨ 反渗透膜（RO）。市面上所售净水器产品中多为5级工艺，而在各种净水器的处理工艺中，PP棉＋颗粒活性炭＋烧结活性炭＋反渗透＋后置活性炭产品市场占有率较大，活性炭滤芯被广泛应用。

实践基地采用山泉引水，水质相对较好，所以选择的是前置过滤器＋普通净水器的搭配。

前置过滤器是用水的第一道粗过滤设备，可以过滤自来水中的泥沙、铁锈等较大颗粒物,还可以稳定水压,保护连接在其后面的净水设备。基地负责人从网上购入＊＊品牌的过滤器,如图1所示。

图1　前置过滤器

净水器主要通过滤芯和活性炭的吸附作用,去除含在水中的泥沙、铁锈、细菌、悬浮物、藻类、大分子有机物等多种有害物质,并且保留自来水中对人体有利的矿物质。基地采用的厨房超滤净水器(5级),如图2所示。

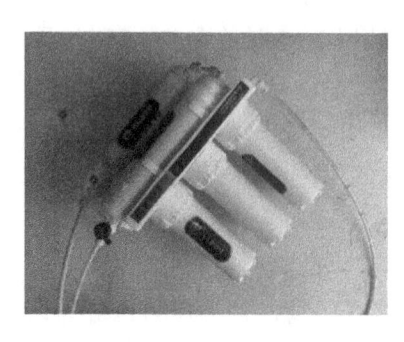

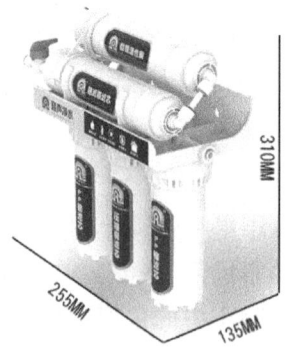

图2　五级净水器

净水过程中,山泉水经三次自然沉降,进入一级过滤器,最终流入五级净水器,流向依次从编号1至编号5,如图3所示。经查询资料得知,净水器每一级所用材料和作用如图4和下表所示。

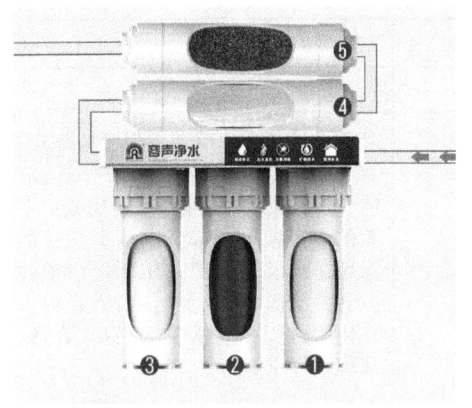

/ 十年科技实践基地饮水系统的构建 /

图3　水的流向

图4　净水材料

种类	图示	特点
PP棉 （1、3级）		呈渐变直径、梯密度的结构,具有高滤速、过滤精度高、纳污能力强、更换便捷等优点,主要作用是前置过滤,属于物理截留。
活性炭 （2级）		比表面积大,孔隙结构发达,具有很好的吸附作用。其脱氯、去除有机物和重金属等污染物的效果明显;根据规格的不同分为粉末活性炭、颗粒活性炭、烧结活性炭等。

035

续表

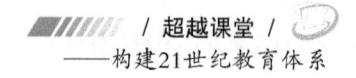

种类	图示	特点
超滤膜（4级）	超滤膜滤芯【4级】	利用机械筛分作用和吸附截留作用，将水中的离子、大分子、小分子、胶体、微粒、细菌、病毒等污染物截留在膜的表面或者内部。市场上常见的家用净水器基本都采用了反渗透膜或者超滤膜，是净水器的核心材料。在使用过程中应避免在高盐、高压、高温条件下运行。
载银活性炭（5级）	T33后置活性炭滤芯【5级】	在水中缓慢释放出的银离子能有效地破坏细菌中的蛋白质酶，使蛋白质凝固，菌体进而弯曲变形直至死亡，达到抑菌、杀菌的作用，有很好的耐洗性。

作为净水器核心的部件，滤芯质量和状态直接影响出水的品质。消费者要认真阅读说明书，注意净水流量、额定总净水量、适用水压、主要滤除物质等参数，再结合使用寿命与销售价格，考虑更换滤芯的成本等因素，选择品牌好、性价比高的产品。不同的设备其寿命也不同，大部分产品都是半年到一年就需要更换一次滤芯，如不及时更换，很可能造成原本已过滤的物质返流，污染水质。

3. 水质检测

化学是一门以实验为基础的自然科学，通过实验可以培养学生分析、解决问题的能力，同时提高其自主探究能力。在进行专业的水质检测前，我们小组利用学过的知识，了解了水的部分性质。了解水的性质，利用水的性质来进行生产生活，我们才能更加安全地使用水。

（1）物理指标：如温度、pH 值、颜色等。

据研究表明，水温是决定水是否好喝的重要因素之一，当水温在 20～25 ℃时，一般认为最好喝。如果温度太低时会使人的感觉迟钝。但在夏天，即使很凉的水也感到好喝。

(2) 化学指标：硬度等。

水的硬度是水的重要特性之一。水的硬度最早是指沉淀肥皂的程度。水变"硬"的原因，主要是钙和镁盐的作用。因此，水的硬度的精确定义是水中的钙离子和镁离子的含量（以 mmol/L 表示），又称为总硬度。这两种离子的含量越高，水的硬度就越大。通过水的硬度测定实验，我们除了可以掌握水的硬度测定原理、方法及相关的实验操作方法外，还能更加深入地了解不同水样的软硬度，让我们的用水变得更加安全、健康。

【实验目的】

① 掌握 EDTA 的配制及用硫酸镁标定 EDTA 的基本原理与方法；
② 了解水的硬度的概念及其表示方法；
③ 掌握配位滴定的基本原理、方法和计算、学会判断配位滴定的终点；
④ 掌握铬黑 T、钙指示剂的使用条件和终点变化；
⑤ 掌握容量瓶、移液管和滴定管的正确使用方法。

【仪器与试剂】

① 仪器：电子天平（0.1 mg）、容量瓶（250 mL）、移液管（20 mL）、酸式滴定管（50 mL）、锥形瓶（250 mL）、烧杯（250 mL、500 mL）、玻璃棒、表面皿、硬质玻璃瓶。

② 试剂：pH=10 的缓冲溶液；铬黑 T 指示剂（EBT）；EDTA 标准溶液（10 mmol/L）；滴定水样。

【实验原理】

① EDTA 标准溶液的配制与滴定

乙二胺四乙酸二钠盐（习惯上称 EDTA）是有机配位剂，能与大多数金属离子形成稳定的 1∶1 型的螯合物，计量关系简单，故常用作配位滴定的标准溶液。通常采用间接法配制 EDTA 标准溶液。标定 EDTA 溶液的基准物很多，如金属 Zn、Ni、Pb、Bi、Cu 等，金属氧化物 ZnO、Bi_2O_3 等及盐类 $CaCO_3$、$MgSO_4 \cdot 7H_2O$、$Zn(Ac)_2 \cdot 3H_2O$ 等。通常选用其中与被测物组分相同的物质作基准物，这样，标定条件与测定条件就尽量一致了，可减小误差。如果用被测元素的纯金属或化合物作基准物质，就更为理想。本实验采用 $CaCO_3$ 作基准物标定 EDTA，以钙指示剂作指示剂，用 1 mol·L^{-1} 的 NaOH 控制溶液滴定时的 pH12～13 为标准，因为钙指示剂一般在强碱性下使用。

② 水硬度的测定

测定时，先用缓冲溶液调节到溶液的 pH=10 左右。滴定前，当加入指示剂铬黑 T 时，它首先与水中少量的 Ca^{2+}、Mg^{2+} 配位形成酒红色的配合物

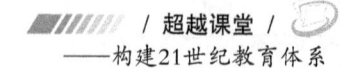

$[CaIn]^{2-}$、$[MgIn]^{2-}$，具体反应为：

$Ca^{2+} + HIn^{2-}$（蓝色）$= [CaIn]^{2-}$（酒红色）$+ H^+$

$Mg^{2+} + HIn^{2-}$（蓝色）$= [MgIn]^{2-}$（酒红色）$+ H^+$

当用 EDTA 溶液滴定时，EDTA 分别与水中游离的 Ca^{2+}、Mg^{2+} 离子配位，接近终点时，因 $[CaY]^{2-}$、$[MgY]^{2-}$ 的稳定性大于 $[CaIn]^{2-}$、$[MgIn]^{2-}$，故 EDTA 夺取 $[CaIn]^{2-}$、$[MgIn]^{2-}$ 中的 Ca^{2+}、Mg^{2+}，使铬黑 T 游离出来，即

$[CaIn]^{2-}$（酒红色）$+ H_2Y^{2-} = [CaY]^{2-} + HIn^{2-}$（蓝色）$+ H^+$

$[MgIn]^{2-}$（酒红色）$+ H_2Y^{2-} = [MgY]^{2-} + HIn^{2-}$（蓝色）$+ H^+$

这时溶液由酒红色变为蓝色，指示终点到达。

根据等物质的量反应规则、EDTA 标准溶液的浓度和消耗的体积，可计算水的总硬度。

③ 结果表示

钙和镁的总量(mmol/L)用下式计算：

$$C = \frac{C_1 V_1}{V_0}$$

C_1——EDTA 二钠溶液的浓度(mmol/L)；

V_1——滴定中消耗 EDTA 二钠溶液的体积；

V_0——式样体积(mL)。

【实验步骤】

① 量取 100 mL 透明水样注入 250 mL 锥形瓶中。如果水样混浊，取样前应过滤。

注：水样酸性或碱性很高时，可用 5％氢氧化钠溶液或盐酸溶液(1+4)中和后再加缓冲溶液。

② 加入 5 mL 氨缓冲液和 2～4 滴铬黑 T 指示剂。

注：碳酸盐硬度较高的水样，在加入缓冲溶液前应先稀释或先加入所需 EDTA 标准溶液量的 80％～90％（记入滴定体积内），否则缓冲溶液加入后，碳酸盐硬度析出，终点拖长。

③ 在不断摇动下，用 EDTA 标准溶液滴至其颜色由酒红色变为蓝色，即为终点，记录 EDTA 溶液消耗的体积。（全过程应于 5 min 内完成，温度不应低于 15 ℃。）

④ 另取 100 mL Ⅱ级试剂水，作空白试验。

【注意事项】

① 若水样中的酸性或碱性较高时，应先用 0.1 m NaOH 或 0.1 M 的盐酸中

和后再加缓冲溶液。

② 对碳酸盐硬度较高的水样,在加入缓冲液前应先稀释或加入所需要 EDTA 标准溶液量的 80%～90%(记入在所消耗的体积内),否则可能析出碳酸盐沉淀,使滴定终点延长。

③ 滴定过程中,如发现滴不到终点色或指示剂加入后颜色呈灰紫色时,可能是 Fe、Cu、Ai、Mn 等离子的干扰,可在指示剂加入前先加入 0.2 克硫酸和 2 mL 三乙醇胺,消除干扰。

④ 冬季水温较低时络合反应速度较慢,容易造成过滴定而产生误差,可将水样预先加热至 30～40 ℃后,进行滴定或缓慢滴定。

⑤ 若水样浑浊或加入氨缓冲液后生成 $Fe(OH)_2$,妨碍终点观察,而需用滤约过滤时,应注意滤约本身常带有硬度,可先用水样将滤纸充分洗涤后使用。

(3) 专业机构检测

为了解净水器过滤效果,通过对净水器过滤前及过滤后的水质做常规理化及微生物指标检测,观察净水器过滤前及过滤后水质相应指标的变化情况,进行综合分析,判断净水器是否可以有效改善生活饮用水质,进而预防食源性疾病,为生活饮用水的安全使用提供指导依据。

【研究方案】

进行净水器过滤水质分析调查。送检时需填写使用净水器的型号、过滤前水源、净水器品牌、最近一次滤芯更换时间等。

【水样采集】

收集过滤前的水质与过滤后的水质,进行采样、送检、保存及检测,按照《生活饮用水标准检验方法》(GB/T 5750.2—2006)要求进行。

【检验项目】

主要包括:色度(≤15)、浑浊度(≤1 NTU)、肉眼可见物(无)、pH 值(6.5～8.5)、总硬度(以 $CaCO_3$ 计,≤450 mg/L)、溶解性总固体(≤1 000 mg/L)、硝酸盐氮(≤10 mg/L)、亚硝酸盐(≤0.1 mg/L)、菌落总数(≤100 CFU/mL)、大肠菌群(不得检出 MPN/100 mL)、铁(≤0.3 mg/L)、锰(≤0.1 mg/L)等指标。依据我国《生活饮用水标准检验方法》中各指标进行判定,检验后任一指标不合格则判定为水质不合格。

• **活动指引二:如何处理实验数据和表述实验结果**

对于实验结果的表述,一般有三种方法:

1. 文字叙述:根据实验目的,将原始资料系统化、条理化,用准确的专业术

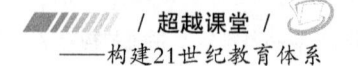

语客观地描述实验现象和结果，要有时间顺序以及表明各项指标在时间上的关系。

2. 图表法：用表格或坐标图的方式，使实验结果突出、清晰，便于相互比较，尤其适合分组较多，且各组观察指标一致的实验，使各组间异同一目了然。每一图表应有表目和计量单位，应说明一定的中心问题。

3. 曲线图：用记录仪器描绘出曲线图，这些指标的变化趋势形象生动、直观明了。

在实验报告中，可任选其中的一种或几种方法，以获得最佳效果。

> 汕头市中学科学素养黄跃涛
> 科学实践基地项目研究案例

沼气系统课例开发

前言

常规能源的有限性是世界公认的结论,同时,常规能源消耗对环境的污染以及各种工业污染,形成了威胁人类社会可持续发展的能源与环境问题。21世纪以来,能源与环境问题越来越突出,解决这一问题的要求越来越迫切。

同时,太阳能具有清洁、无限量特点。因此,研究太阳能的利用,减少常规能源消耗的工作得到世界各国的普遍重视。生物质是指自然界广泛存在的动植物体、动物的食料及粪便、植物的果实及秸秆、根茎等。虽然国际上对生物质有各种各样的定义,但内涵基本相同,即其都是直接或间接通过太阳能转化而来的。所以,生物质能具有无限量、清洁可再生的特点。原则上,所有的生物质都可以转化为沼气进行利用,沼气技术属于太阳能利用技术的一个分支。

中国是世界上能源消费大国,伴随着经济的飞速发展,农村能源消耗量也日益增加。而沼气资源的合理应用能够有效缓解农村能源消费的压力,具有很好的发展前景。目前,我国农村(指以农林畜牧业为主要经济活动的村落)建筑用能总量约占我国建筑运行用能总量的1/3。其中,燃煤、燃气和电力等商品能源占农村用能总量的70%。尽管农村户均商品能消耗量低于城市居民,但目前农村户均用能总量却已经高于城市居民,并且生物质能比例逐年减少,煤、电和燃气户均用量不断提高。

因此,加深对沼气能源的认知并深入研究是一个十分值得关注的项目。

一、活动背景——发现目标与明确方向

世界上无论是发达国家,还是发展中国家都十分重视沼气的开发与应用。近年来,我国为了推动农业绿色健康发展,改善农村生态环境,进一步解决农村能源问题,国家不断推进农村沼气工程建设,且发展迅速,已取得了一定成效。

沼气能源如此重要,我们希望能通过对沼气系统进行全面、深入的研究,近距离、多角度了解它的"美"。

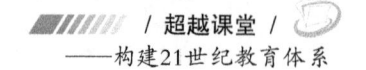

•活动指引一：如何确定合理的研究方向

沼气是沼泽湿地产生的一种混合气体，是人畜粪便、秸秆、污水等各种有机物质在密闭环境下发酵，被种类繁多的发酵微生物分解转化而生成的一种可燃气体。其主要成分是甲烷，可以用于炊事、供暖、照明等。经沼气装置发酵后的沼渣、沼液含有丰富的有机质、氮、磷、钾等，是一种优质高效、无毒、无害的有机肥料；沼渣沼液中还含有粗蛋白、粗纤维、粗脂肪等成分，可以作为饲料使用。

那么，想要认识这个浑身是宝的"沼气"，我们应该从哪里入手呢？

提问1：沼气是谁产生的？——原料选择

提问2：沼气是怎么产生的？——结构设计/原理

提问3：沼气有什么用？——使用方向

提问4：沼气实际怎么用最划算？——实际情况/经济效益

二、活动方案——制订研究计划

确定研究方向，只是迈出了实践探究的第一步，接下来就需要制订科学的研究计划，才能确保后续的实践探究顺利进行。在"确定方向"的过程中，我们其实已经对沼气系统各个环节的运作有了初步的了解。从不同的研究方向出发，通过查找资料、实地勘测、调查调研等方式搜集信息，然后对信息进行归纳与分析，作出猜想和假设，从而逐步细化研究项目，提出各种合理可行的思路，再整合方案，形成最终的研究计划。

研究计划

研究方向：

理由：

研究时长：

目标：

说明：研究方向的选择应考虑实践时长，可选择一个或多个研究方向。

（一）搜集信息

搜集信息的方式有很多种，查找资料是最基本的一种。然而，在科学实践活动中，"因地制宜""从实际出发"等因素也尤为重要。因此，我们需要进行实地勘测，并进行一定程度的调查研究。

●活动指引二：如何搜集有效信息

第一，查找资料。科研资料是科学研究的"成炊之米"。在正式制订计划之前，应以研究的方向为主线，通过搜集资料，找到前人或他人在此方向上的研究内容以及取得的成果，从而积累下丰富的知识，还可以及时纠正一些错误的推测，为后续的研究打下坚实的基础。

第二，实地勘测。沼气池的规模与设计直接决定了沼气系统的应用范围，正所谓"量力而行"，有多大的能力，做多大的事情。通过实地现场勘测，了解沼气系统的整体结构，记录下沼气池的规模。

（1）沼气系统的规模——8立方米沼气池；
（2）沼气系统的结构——进料口、沼气主池、出料口。

第三，调查调研。我们进行科学实践，就是希望能在实践中发现问题，探究问题，并最终解决问题。因此，研究应遵从"一切从实际出发"的原则，调查调研，就是深入实际，了解真实情况，掌握第一手资料。

（1）沼气系统原料的选择——人畜粪便、厨余材料等；
（2）沼气系统的使用方向——日常生活燃气、肥料使用等。

（二）分析信息，提出假设或研究课题

作出假设，是科学探究的核心要素，引导着探究的方向。通过实地考察和信息分析，我们确定以8立方米的沼气池为主体，结合不同研究的方向，提出以下假设或确定研究课题。

方向1：原料选择
（1）如果选择不同的动物粪便作为原料，那么产生沼气的性能是不一样的；
（2）如果改变原料的pH值，那么就能改变沼气的生产进程和总产气量。

方向2：原理设计
如果适当提高发酵的温度，那么就能提高沼气的产气速率。

方向3：使用方向
（1）如果使用沼液灌溉农作物，那么能提高农作物的产量和质量；
（2）使用8立方米的沼气池能提供多少燃料；

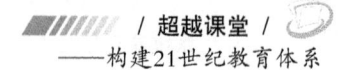

（3）使用8立方米沼气池供电的经济效益分析。

（三）制订研究计划

根据搜集到的信息，结合已有的知识和生活经验，作出假设后，我们制订了研究计划。

课题1	探究不同牲畜粪便厌氧发酵产生沼气的性能	
小组成员		导师
目的	应用科学探究的一般方法，为解决实际问题提供帮助。 (1) 探究不同牲畜粪便发酵累积的产气量； (2) 探究不同牲畜粪便发酵单位TS产气率； (3) 探究不同牲畜粪便发酵的甲烷产量。	

课题2	探究原料酸碱度(pH值)对沼气产生的影响	
小组成员		导师
目的	应用科学探究的一般方法，为解决实际问题提供帮助。 (1) 探究原料pH值高低对沼气产气速率的影响； (2) 探究原料pH值高低对沼气总产气量的影响。	

课题3	探究发酵温度对沼气产生的影响	
小组成员		导师
目的	应用科学探究的一般方法，为解决实际问题提供帮助。 (1) 探究不同发酵温度下，沼气的产气速率； (2) 探究不同发酵温度下，沼气的总产气量。	

课题4	探究灌溉畜禽粪便沼液肥对辣椒产量的影响	
小组成员		导师
目的	应用科学探究的一般方法，为解决实际问题提供帮助。 (1) 探究施用畜禽粪便沼液肥对辣椒生长性状的影响； (2) 探究施用畜禽粪便沼液肥对辣椒产量的影响。	

课题5	8立方米沼气池提供燃料的能力分析	
小组成员		导师
目的	应用科学探究的一般方法，为解决实际问题提供帮助。 (1) 8立方米的沼气池的总产气量； (2) 以四口之家为标准，8立方米的沼气池作为燃料使用的能力。	

课题6	8立方米沼气池供电的经济效益分析	
小组成员		导师
目的	应用科学探究的一般方法，为解决实际问题提供帮助。 (1) 8立方米的沼气池的总产气量； (2) 沼气供电的经济效益。	

续表

探究方法	对照实验法、观察法、调查法		
研究计划及人员分工	内容	地点	人员分工
	1. 确定研究方向	会议室	
	2. 搜集相关文献资料	图书馆、网络	
	3. 实地勘测与调查调研	科学实践基地	
	4. 作出假设并制订计划	科学实践基地	
	5. 开展实践活动	科学实践基地	
	6. 进行资料和数据分析	学校	
	7. 撰写实践报告	学校	
可能遇到的困难			

- **活动指引三：自然科学探究的基本步骤**

（一）提出问题

从日常生活或实践中发现有价值的问题。

（二）猜想与假设

结合已有的知识积累，对问题可能的答案作出猜想与假设。

（三）设计实践，制订计划

科学探究的重点与难点。

（四）进行实践，搜集证据

按照制订的计划进行实践，注意观察和思考相结合，并进行数据记录。

（五）分析论证，得出结论

对事实或证据进行归纳、比较、分类、概括和整理，得出正确的结论。

（六）交流评估，撰写报告

在交流评估中，对探究结果的可靠性进行评价。

三、活动过程——开展研究实践

（一）搜集文献资料

为做好实践前的知识储备工作，我们搜索相关网站，重点搜寻各类权威网站发表的期刊、论文等，并对获取的资料进行筛选和整理，标注重点部分。需了解的内容有：什么是沼气；沼气产生的原理；沼气产生的条件；沼气产生的影响因

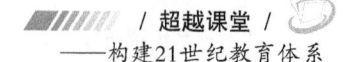

素;沼气的应用;沼气的发展前景等。

(二) 充分认识沼气系统

1. 什么是沼气？沼气的产生条件是什么？

沼气是有机物在厌氧条件下产生的可燃性混合气体,其产生的三个关键条件:有机物原料、厌氧条件、微生物分解,三者缺一不可。夏季沼泽地、稻田冒泡,就是沼气在外溢。历史上沼气也是因为在沼泽地最先发现而得名。

具备了沼气发酵的基本条件,就可以产生沼气,但是为了产生更多的沼气,人工沼气池就需要有合适的辅助条件,如温度、浓度、酸碱度等。条件不合适,将导致沼气产量很低甚至停止产气。有机物在厌氧条件下经过微生物分解得到的沼气主要成分是 CH_4 和 CO_2,其他成分也有,但都属于少量或者微量成分,如 CO、N_2、O_2 等。

2. 沼气生产的工艺原理

沼气生产可以根据原料、用户情况等采用不同的结构。目前,大量应用的小型户沼气池有多种结构形式,但基本都是在水压式沼气池基础上的变形。水压式沼气池结构如下图所示。其特点是构造简单,造价低,运行操作方便。当原料从进料口加入后,池内液位处于1状态,关闭输气导管,原料和料液整体处于一个封闭空间内。在合适的温度及池内环境条件下,产生的沼气使池内压力升高,液位下降到液位2,而水压间及进料口液位升高到3,此时开启输气导管上的阀门,即可引出沼气并进行使用。

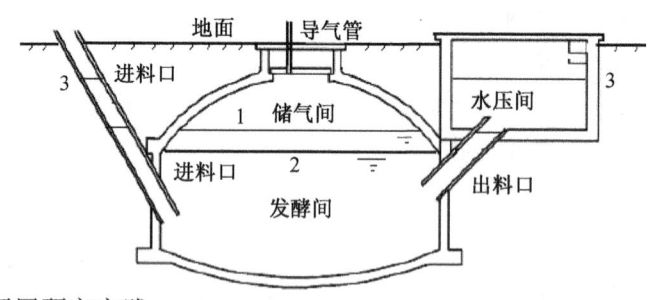

(三) 开展研究实践

课题一:动物粪便不同原料配比对厌氧发酵产气的影响

1. 材料与方法

(1) 试验原料

发酵原料为新鲜猪粪、新鲜水牛粪及其混合物,均取自科学实践基地的养殖场。接种物为常温厌氧发酵沼气池的沼液,取自以猪粪为原料的沼气池中正常发酵产气3个月以上的沼液。发酵原料和接种物性质见下表。

发酵原料和接种物性质

物料	TS/%	VS/%	有机碳/(g·kg^{-1})	总氮/(g·kg^{-1})
猪粪	31.38±0.27	17.87±0.24	252.19±3.30	23.62±0.51
牛粪	18.49±0.67	13.71±0.34	349.87±4.71	20.52±0.17
接种物	0.38±0.002 3	0.18±0.002	1.18±0.03	0.47±0.06

（2）试验装置

沼气发酵装置为自制的简易沼气发酵装置，为圆柱形，主体直径为2.7米，高1.5米，其发酵区有效容积约为8立方米。因为沼气发酵不仅受气温影响，而且与发酵装置是否向阳、背风、埋置地下的深度等因素有关，因此所有试验装置均放置于科学实践基地沼气基地荫棚内地面上，以避免外界环境因子对不同组试验结果的干扰。

（3）试验设计

试验设3个处理组，分别为新鲜猪粪组、新鲜牛粪组及其混合组（新鲜猪粪和新鲜牛粪1:1混合）。每个沼气发酵装置内装入150千克发酵原料，100千克沼液和200千克自来水。在常温（25 ℃～35 ℃）条件下发酵反应进行65天。采用一次性投料，运转周期内不添加新料。

（4）测定项目及方法

① 总氮和有机碳的测定：总氮采用凯氏定氮法测定；有机碳采用重铬酸钾氧化法测定。

② 总固体含量（TS）和挥发性固体含量（VS）的测定：TS采用105 ℃±2 ℃烘干恒重法测定；VS采用550 ℃±5 ℃条件下灼烧至恒重称量法测定。

③ 产气情况测定：采用气体流量计，自试验启动开始，每天定时记录各沼气发酵系统的沼气日产气量，并用沼气分析仪每天定时测定沼气中的甲烷含量及单位TS产气率（m³·kg^{-1} TS）。

2. 结果与讨论

（1）累积产气量

猪粪组、牛粪组及其混合组在发酵65天内的累积产气量分别为15.42立方米、5.33立方米和11.30立方米。由下图可以看出，试验启动第1天，猪粪组、牛粪组及其混合组均开始产生气体，但此时甲烷产量很低。30天后猪粪组产气量明显高于混合组，主要原因是猪粪组的干物质含量高于混合组，因此在发酵后期，其产气量高于混合组。同时，牛粪组的累积产气量从发酵开始第5天后就远远低于混合组，说明猪粪和牛粪混合发酵，其效果远好于其单独发酵。有研究表明,与单一发酵原料发酵产生沼气相比,家畜粪便与秸秆混合可以有效地提高沼气产量。研究还发现污水污泥与屠宰场废弃物复合厌氧发酵的效果也远好于其单独发酵。猪粪和牛粪混合发酵,其产气效果远好于单一发酵;而且当猪粪与牛粪混合发酵时,还能稳定发酵过程,特别是解决猪粪发酵初期易酸化的问题,有效保证了发酵过程中的甲烷含量,进而稳定了产气过程。可见,单一发酵原料混合后进行的混合发酵不但可以有效提高发酵原料的产气量和甲烷含量,还可以避免单一原料发酵过程中产生的不利影响,进而能高效提高牲畜粪便厌氧发酵的产沼气速率和综合利用率。因此,在实际生产中应将单一发酵原料进行适当的混合后再进行发酵,以此提高沼气产量及质量。

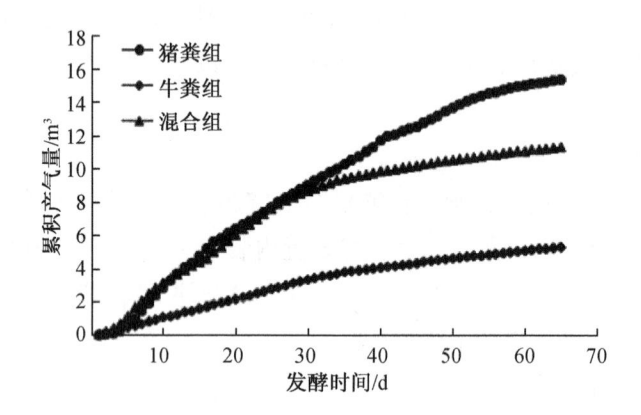

牲畜粪便厌氧发酵过程中的累积产气量

(2) 单位 TS 产气率

因累积产气量受到发酵负荷的影响大,因此,常用单位 TS 产气率来表现厌氧发酵的优劣。在整个发酵过程中,猪粪组、牛粪组及其混合组的单位 TS 产气率分别为 $0.33\ m^3 \cdot kg^{-1} TS$、$0.19\ m^3 \cdot kg^{-1} TS$ 和 $0.30\ m^3 \cdot kg^{-1} TS$;从投加到发酵装置内的干物质含量看,混合组的干物质含量远低于猪粪组而高于牛粪组,而单位 TS 产气率却与猪粪组的极为接近且远高于牛粪组。这些结果可以进一步表明单一发酵原料混合后进行发酵,其效果要好于其单一发酵。

(3) 甲烷产量

沼气中甲烷含量的高低直接影响沼气的品质,一般甲烷含量达到 50% 以上就足以保证沼气的燃烧品质。由下面两图得知,发酵开始后,猪粪组、牛粪组及其混合组的甲烷含量均迅速上升。牛粪组在发酵第 3 天时甲烷含量达到 57.5%,且此后甲烷含量一直保持在 50% 以上;猪粪组在发酵开始第 5 天时甲烷含量达到 55.9%,但在第 8 天时又降到 46.1%,第 10 天时又重新上升到

50.2%,此后一直保持在50%以上。这可能主要是由于猪粪在发酵初期有一个较为严重的产酸过程,导致甲烷菌数量或活性减少,进而致使发酵在第8天时甲烷含量又降到50%以下。混合组甲烷含量在发酵第4天时达到59.7%,此后一直保持在50%以上。这些结果充分表明,猪粪和牛粪混合发酵可缓冲猪粪单独发酵在其初期的产酸过程,能充分保证整个发酵过程中沼气的品质。

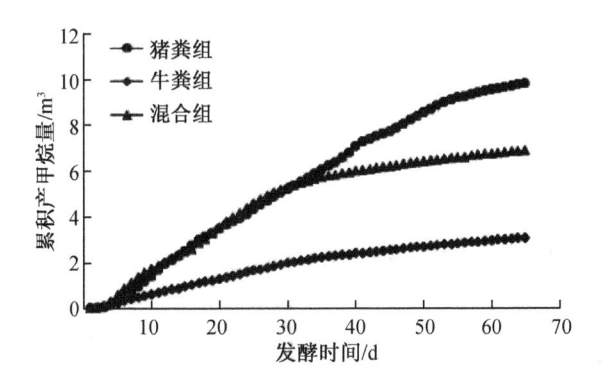

牲畜粪便厌氧发酵过程中累积甲烷产量变化

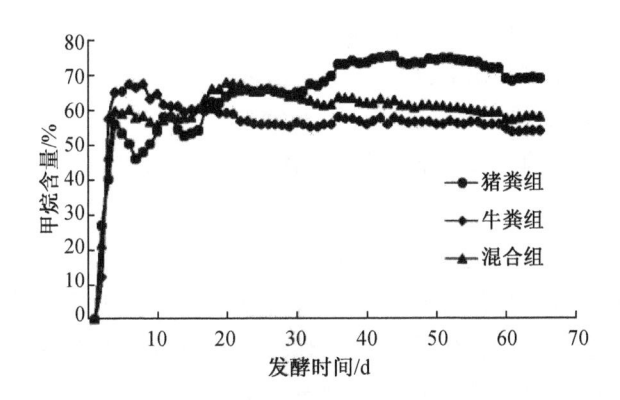

牲畜粪便厌氧发酵过程中甲烷含量变化

3. 结论

猪粪和牛粪混合厌氧发酵,产气效果远好于其单一发酵。而且当猪粪与牛粪混合发酵时,还能稳定发酵过程中猪粪发酵初期易酸化时的甲烷含量问题,进而稳定了其产气过程。单一发酵原料混合后进行发酵可有效提高发酵原料产气量和甲烷含量,并可避免单一原料发酵过程中产生的不利影响,高效地提高了牲畜粪便厌氧发酵的产沼气速率和综合利用率。

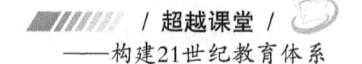

课题二：灌溉畜禽粪便沼液肥对辣椒产量的影响

1. 材料与方法

（1）供试材料

试验的发酵主要原料（畜禽粪便）来源于实践基地的养殖场，通过沼液发酵装置，在密闭条件下进行至少为期1.5个月的厌氧发酵，采用物理方法对所得沼液进行过滤、杀菌。经测定，沼液中微量元素种类丰富，总含量为0.48%；重金属不超标；养分状况为：pH7.38；密度1.04 kg·L^{-1}；水不溶物1.69%；总氮1.61%；P_2O_5 0.29%；K_2O 1.69%；有机质14.8%；腐殖酸4.45%。

（2）试验设计

试验采用随机区组设计，设7个处理组，处理组A1~A5施用不同浓度畜禽粪便沼液肥（清水稀释）。处理组A1，沼液肥浓度15%；处理组A2，沼液肥浓度20%；处理组A3，沼液肥浓度25%；处理组A4，沼液肥浓度30%；处理组A5，沼液肥浓度35%。处理组B施用常规无机化肥，养分比例同畜禽粪便沼液肥，养分含量同处理组A3。处理组C为清水。

每个处理组进行3次重复试验，共分为21个小区，每个小区10 m²，施肥方法均为灌溉，常规分次施肥，第1次施肥后，每15天施肥1次；5个月后，每7天施肥1次，直至全部收获完毕。

（3）测试项目及方法

辣椒株高用卷尺测定，产量按小区单次收获累计计产。

（4）数据分析

所得数据利用Excel进行一般计算及画图；SAS9.2统计分析软件进行单因素方差分析；差异显著性分析采用Duncan新复极差方法进行分析。

2. 结果与分析——施用畜禽粪便沼液肥对辣椒生长性状和产量的影响

从下表可知，施用畜禽粪便沼液肥对辣椒株高、采收期皆有影响，且沼液肥施用浓度不同，影响效果不同。辣椒株高A4>A5>A3>A2>A1，处理组A4的植株最高，比空白处理组C高37.51%（$P<0.01$）。A3，A4，A5组辣椒株高与处理组B相比，差异均不显著。可见，与施用常规无机化肥相比，施用畜禽粪便沼液肥对辣椒株高并没有明显提高。处理组A4、A5辣椒采收期比组B长14天，即辣椒施用常规无机肥收获结束后，施用一定浓度的畜禽粪便沼液肥可以继续收获2次。采收期延长，意味着辣椒在1个种植周期内可以收获更多的产量，从而获得更多的经济效益。造成采收期延长的原因可能是畜禽粪便沼液肥中含有大量的有机质、腐殖酸等缓释成分，其可以延长肥效，进而延长采收期。

不同处理对辣椒生长性状的影响

处理组 Treatment	株高/cm Plant height	始收期 Initial harvest date	终收期 Final harvest date	采收期/d Harvest time
A1	41.73±1.43Cc	12-17	03-27	101
A2	43.98±1.69BCb	12-17	03-27	101
A3	46.81±1.48ABa	12-17	03-27	101
A4	48.50±0.41Aa	12-10	04-03	115
A5	47.31±0.23Aa	12-10	04-03	115
B	46.73±1.00ABa	12-17	03-27	101
C	35.27±1.71Dd	12-25	03-20	86

从下表可知，处理组A1~A5的辣椒单株结果数、单果质量、单株质量均高于处理组C，且差异极显著（$P<0.01$）。处理组A4的辣椒单株结果数、单果质量、单株果质量达最大。组A4单株结果数高于组B 7.21%（$P<0.01$），单果质量与处理组B相比差异不显著，单株果质量比组B高8.70%（$P<0.005$）。可见，与常规施用无机化肥（处理组B）相比，施用一定浓度的畜禽粪便沼液肥可以提高辣椒产量，在试验所设浓度范围内，处理组A4的辣椒产量最高。

产量是农作物种植过程中一项重要的经济指标，施用一定浓度畜禽粪便沼液配方肥后，辣椒产量明显高于施用常规无机化肥，直观反映了畜禽粪便沼液肥对辣椒经济效益的提升促进作用，从而说明畜禽粪便资源化利用的可行性和实际效益效果。

不同处理组对辣椒产量的影响

处理组 Treatment	单株结果数/个 Number of fruit/tree	单果质量/g Single fruit weight	单株果质量/Kg Fruit weight/plant	较处理组B±/%
A1	52.41±1.27Cc	38.35±1.18Cc	1.99±0.07Be	—
A2	52.18±1.38Cc	38.79±1.47BCc	2.02±0.11Be	—
A3	54.01±0.77Cc	39.52±0.88ABCbe	2.13±0.02Be	—
A4	64.83±0.42Aa	42.31±1.85Aa	2.75±0.11Aa	+8.70
A5	62.15±0.82Bb	41.58±1.45ABCab	2.58±0.13Ab	+1.98
B	60.47±1.38Bb	42.17±1.07ABa	2.53±0.08Ab	—
C	43.29±1.18Dd	32.03±1.07Dd	1.38±0.08Cd	—

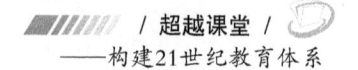

3. 结论

由于畜禽粪便沼液肥中富含氮、磷、钾、有机质、腐殖酸以及多种微量元素等作物生长所需要的营养物质，因此，灌溉施用该畜禽粪便沼液配方肥可以有效补充辣椒生长过程中需要的营养物质，对辣椒的生长性状和采收期等有明显的提升促进作用，能够有效地提高辣椒单株结果数和单株产量，从而达到增产、增收的目的。

四、活动成果——学生撰写研究报告

实践活动中，我们通过查阅相关文献，针对沼气系统进行有目的、有计划的科学实践探究，通过分析大量的统计数据，弄清问题和现象产生的原因，对沼气系统有了全方位的认识后，我们就可以撰写研究报告了。

• **活动指引四：如何撰写研究报告**

以"不同牲畜粪便厌氧发酵产生沼气的性能研究"为例

（一）研究背景

目前，世界上无论是发达国家还是发展中国家都十分重视沼气的开发与应用。近年来，为了推动农业绿色健康发展，改善农村生态环境，进一步解决农村能源问题，我国不断推进农村沼气工程建设，已取得一定成效。

沼气能源如此重要，我们希望通过对沼气系统进行全面、深入的研究，近距离、多角度了解它的"美"。

（二）研究目标

1. 探究不同牲畜粪便发酵累积的产气量；
2. 探究不同牲畜粪便发酵单位 TS 产气率；
3. 探究不同牲畜粪便发酵产生的甲烷产量。

（三）材料与方法

1. 材料

发酵原料为新鲜猪粪、新鲜水牛粪及其混合物，均取自科学实践基地的养殖场。接种物为常温厌氧发酵沼气池的沼液，取自基地以猪粪为原料的沼气池中正常发酵产气 3 个月以上的沼液。

2. 方法

试验设 3 个处理组，分别为新鲜猪粪组、新鲜牛粪组及其混合组（新鲜猪粪和新鲜牛粪 1∶1 混合）。每个沼气发酵装置内装入 150 千克发酵原料，100 千克沼液和 200 千克自来水。在常温(25 ℃～35 ℃)条件下发酵 65 天。采用一次性投料,运转周期内不添加新料。到达时间后,分别测定3个试验组中总氮和有机碳的含量、TS和VS以及产气等情况。

(四)结果分析与讨论

猪粪和牛粪混合厌氧发酵,其产气效果远好于其单一发酵;而且当猪粪与牛粪混合发酵时,还能稳定发酵过程中,特别是猪粪发酵初期易酸化时的甲烷含量低问题,进而稳定了产气过程。单一发酵原料混合后进行混合发酵不仅可有效提高发酵原料产气量和甲烷含量,还可避免单一原料发酵过程中产生的不利影响,进而高效提高牲畜粪便厌氧发酵的产沼气速率和综合利用率。

> 汕头市中学科学素养黄跃涛
> 科学实践基地项目研究案例

探究影响植物叶绿素合成的因素

前言

2017年,中华人民共和国教育部发布的《普通高中生物学课程标准》,在2003年制订的《普通高中生物课程标准(实验)》的基础上进一步明确了"学科核心素养"及其在高中生物课程学习中的重要地位。具体来说,高中生物学科核心素养包括四大方面内容,即生命观念、科学思维、科学探究和社会责任。就是强调要使学生能够将所学到的课本知识与生活实际相联系,提高学生的综合实践能力和应用能力。

"光合作用"这部分作为"高中生物必修一"课程中的一个重要知识点,同时也与日常生活中的许多现象有着紧密的联系。因此这部分内容既是学生学习的重要知识点,更是一个帮助学生认识自然、了解自然,学会用科学语言解释相关现象的良好契机。

基于此,学生将通过在教育基地进行实践活动,以小组合作的方式设计并完成"探究植物叶绿素合成的影响因素"实验,在专业人员的指导下直接参与到植物的种植过程中,旨在通过劳动活动和小实验的结合,联系生活实际,增强高中生物学习的趣味性,培养学生的学习积极性和主动性,提高学生的学习参与度,加深学生对课本知识的理解、记忆和应用,并提高学生动手能力、实践能力、操作能力、合作能力、研究能力等内在的综合能力,提高生物学科核心素养。

一、活动背景——发现与明确问题

生物学是自然科学中的一门基础学科,是研究生命现象和生命活动规律的科学。高中生物学课程的精要就是展示生物学的基本内容,反映该学科的本质。《普通高中生物学课程标准》中明确指出高中生物学课程的基本理念为"核心素养为宗旨,内容聚焦大概念,教学过程重实践,学业评价促发展"。

随着生物学科核心素养在高中生物学教学中的地位日益提升,其也越来越被人们所重视。培养学生核心素养,需要综合培养学生的科学精神、科学思维、逻辑思维、科学探究等各方面的能力,要做到这一点,除了日常教学过程中需注意聚焦大概念、加强科学思维培养和注重科学本质教育等之外,还需要教师多设计真实情境下的任务驱动,更加重视实践活动,即教师需注重培养学生将所学知识与生活实际相联系的能力,并在条件允许的前提下尽量多为学生安排探究活动和实践活动,关键就是要让学生自己去解决真实情境下的真实问题,做到动脑(思维)、动眼(观察)、动手(操作)、动口(交流)。

为落实"实践育人",教师可以利用自身拥有的生物学科学知识基础和生活经验的优势,创设新型学习情境,开发实践环节和拓宽学习渠道,为学生提供多种学习经历,创造更多社会实践的途径和机会。高中生具有好奇、好动、好胜等特点,其对枯燥知识的积极性远差于理论与实践结合的积极性,将课堂与课外、理论与实践有机结合,更符合中学生的心理特征。

科学实践基地中具有丰富的动植物资源,蕴藏着许多生物学知识,能够提供广阔的实验场地和各种实验对象,既是现有生物实验室的拓展和延伸,也是它的一个有效补充,更是一个促进学生接触大自然、了解大自然,将生物学知识与生活实际相联系的巨大平台。学生在实践活动过程中会潜移默化地对生物学知识产生一定程度的感性认知,再结合学习过程中的理论认知,将抽象理论具体化,能更好地提高对知识的理解、掌握和应用能力。此外,亲身参与还能够有效激发学生自主观察、探究的主动性,锻炼其动手能力、发散思维,培养其科学态度与科学精神。

《光合作用》这一部分内容一直是高中生物教学中的一个重点、难点,将其中的"影响叶绿素合成的因素"这一知识点与"绿叶中的色素提取和分离"实验相结合,再联系科学实践基地中的具体情况,以学生为中心,以能力培养为最终目标,让学生自主设计探究实验,进行实践活动,促使学生获取知识、转化知识、应用知识,从而逐步增强学生对自然现象的好奇心和求知欲,培养学生学习的自主性和积极性,让学生掌握科学探究的基本思路和方法,提高实践、团队合作、交流、创新等综合能力。

二、活动方案——提出与制订计划

为充分利用科学实践基地中丰富的动植物资源,增强学生对生物学的学习兴趣和积极性、主动性,帮助学生构建完整的知识框架,学会将课堂所学的生物学理论知识与生活实际相联系,培养学科核心素养,提高综合素质能力,故计划进行"探究植物叶绿素合成的影响因素"的实验研究和实践活动。让学生以小组合作形式,通过查阅、实地参观、访问等方式收集相关资料,结合课本所学的理论知识探究实验内容,明确实验流程,进行实践活动,观察实验结果,得出实验结论,尤其是在此过程中达到提高学科核心素养和提升综合素质的最终目的。

(一)活动主题

"探究植物叶绿素合成的影响因素"实践活动

(二)活动目标和任务

1. 掌握探究实验的基本流程;

2. 掌握影响植物叶绿素合成的因素;

3. 掌握"光合色素的提取分离"实验;

4. 提高团队协作、交流合作、实践、实验设计操作等综合能力,提高生物学科核心素养;

5. 深化对"结构与功能观、进化与适应观、稳态与平衡观、物质与能量观、生命信息观"等生命观念的认识,以及科学思维、科学探究、社会责任的理解和掌握。

(三)活动方式

学生以小组合作的方式,在老师的指导下,结合课堂所学的生物学相关理论知识,搜集相关资料,进行"影响植物叶绿素的合成因素"探究实验设计,制订切实可行的实验计划,并在科学实践基地中有序开展实验,观察现象,得出结论。

(四)活动内容

1. 明确叶绿素在植物光合作用中的功能

植物光合作用就是指绿色植物利用叶绿体,吸收光能,把二氧化碳和水转换成储存能量的有机物,并且释放出氧气的过程。植物光合作用的第一步是太阳能被叶绿体中类囊体薄膜上的光合色素吸收并转化为 ATP 中活跃的化学能,同时将水光解为 H 和 O_2;第二步就是 ATP 和 H 转移到叶绿体基质中,在 CO_2 的参与下通过卡尔文循环生成(CH_2O),同时 ATP 中活跃的化学能转化为有机物中稳定的化学能。

绿色植物体内的光合色素起着吸收和转化光能的作用,主要体现为叶绿素(包括叶绿素 a、叶绿素 b)和类胡萝卜素(包括胡萝卜素、叶黄素),其中叶绿素占了大约 3/4,类胡萝卜素大约占了 1/4。

一般情况下,光合作用所利用的光都是可见光。叶绿素吸收光谱的最强区域有两个:一个是在波长为 640～660 nm 的红光部分;另一个在波长为 430～450 nm 的蓝紫光部分。类胡萝卜素主要吸收波长在 400～500 nm 的蓝紫光区。

二者对其他光吸收较少,其中对绿光吸收最少,由于叶绿素吸收绿光最少,绿光被反射出来,所以叶片呈现绿色。

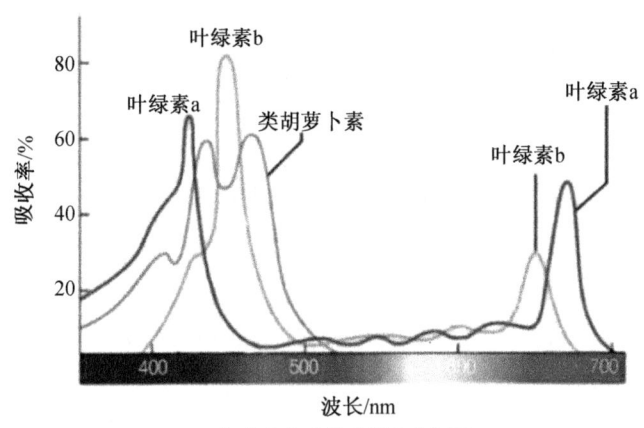

各光合色素的光谱吸收图示

2. 影响叶绿素合成的因素

(1) 光

光是影响叶绿素合成的主要条件。除了 680 nm 以上的波长以外,可见光中各波长的光照都能促进叶绿素的合成,但离体叶绿素在强光下易分解。

(2) 温度

温度通过影响酶的活性进而间接影响叶绿素的合成。一般来说,叶绿素合成的最低温度为 2 ℃~4 ℃,最适宜温度为 30 ℃,最高温度是 40 ℃。

(3) 矿质元素

矿质元素对叶绿素的合成也有很大的影响。"N、Mg"是组成叶绿素的元素(见叶绿素分子结构示意图);Fe、Mn、Cu、Zn 等是叶绿素形成过程中某些酶的活化剂,在叶绿素合成中起间接作用。

叶绿素

(4) 水

叶绿素合成和水有密切的关系。叶子缺乏水不但会影响叶绿素的合成,而且会促进已合成的叶绿素加速分解,造成叶子发黄。

3. 色素的提取和分离实验

(1) 实验原理

① 提取

绿叶中的色素能够溶解在有机溶剂无水乙醇中,所以可以用无水乙醇提取绿叶中的色素。

② 分离

不同色素在层析液中的溶解度是不同的,溶解度高的随层析液在滤纸上扩散得快,反之则慢。

(2) 实验过程

① 提取绿叶中的色素

用天平称取 5 克绿色叶片,剪碎,放入研钵中。向研钵中放入少量二氧化硅(利于研磨充分)和碳酸钙(防止色素破坏),加入 10 毫升无水乙醇(也可用丙酮),迅速、充分地研磨。将研磨液迅速倒入玻璃漏斗(漏斗基部放一块单层尼龙布)中进行过滤,及时用棉塞将试管口塞严(防止乙醇挥发),如图。

② 制备滤条

将干燥的定性滤纸剪成长与宽略小于试管长与宽的滤纸条,将滤纸条一端剪去两角(滤纸能立在烧杯中,且保证滤纸上的滤液线能水平向上扩展),在此端距顶端1百米处用铅笔(签字笔、圆珠笔、画笔的笔液色素也能溶于乙醇和层析液中,污染从绿叶中提取的色素)画一条细横线。

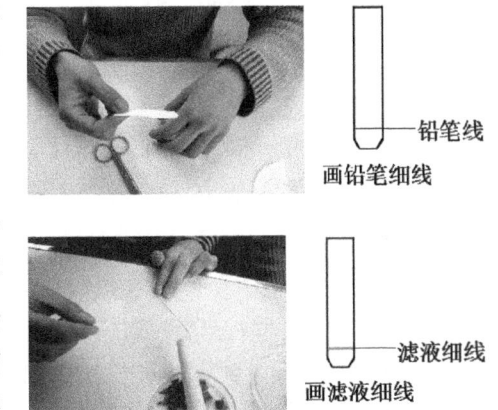

③ 画滤液细线

用毛细吸管吸取少量滤液,沿铅笔线均匀地画出一条细线(滤液线要细、要均匀,保证滤液色素在同一起始点上)。待滤液线干后,重复画线一两次(待滤液线干后再重复画线,这样既保证了滤液线的色素量,也能防止滤液线过宽。画的次数越多,色素量越多,越好跑,色素带也就分得越开,越清楚)。

④ 分离光合色素

将适量的层析液倒入试管,将滤纸条画线一端朝下,轻轻插入层析液中,迅速塞紧试管口(层析液易挥发,且有一定的毒性)。注意不要让层析液触及滤液线(避免大量滤液溶于层析液中,导致实验失败)。

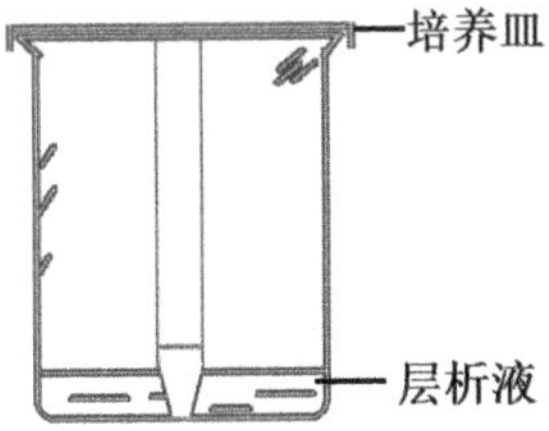

⑤ 观察、记录

待层析液上缘扩散至接近滤纸条顶端时,将滤纸条取出,风干。观察滤纸条上所出现的色素带及其颜色,并做好记录。

⑥ 预期实验结果

最后滤纸条上将分离出四条色素带,颜色从上往下(溶解度由高到低)分别是橙黄色(胡萝卜素)、黄色(叶黄素)、蓝绿色(叶绿素a)和黄绿色(叶绿素b);宽度由宽到窄(含量由多到少)分别是蓝绿色(叶绿素a)、黄绿色(叶绿素b)、橙黄色(胡萝卜素)和黄色(叶黄素)。

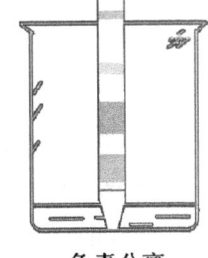

4. 探究实验的一般流程和实验原则

(1) 探究实验的一般流程

探究实验的一般流程为:提出问题,即从生活、实践、学习中发现问题并加以表述;作出假设,即针对提出的问题作出假设,并说明作出假设的依据;设计实验,即通过拟定计划,根据列出其所需的材料和用具,选出控制变量,设计对照组,设计好记录实验数据的表格;进行实验,即按实验方案进行操作,仔细观察,认真记录;分析结果,得出结论;表达和交流;进一步探究。

(2) 探究实验遵循的一般原则

① 单一变量原则

控制其他因素不变,只改变其中一个因素(要研究的因素),观察其对实验结果的影响。遵循单一变量原则,既便于对实验结果进行科学的分析,又能增强实验结果的可信度和说服力。

② 对照原则

通常一个实验分为实验组和对照组。实验组是接受实验变量处理的对象组。对照组,也称控制组,对实验而言,是不接受实验变量处理的对照组。理论上说,由于无关变量对实验组与对照组的影响是相等的,故实验组与对照组两者的差异,可认定为来自实验变量的效果,这样的实验结果是可信的。按对照实验内容和形式上的不同,通常可分为:空白对照、自身对照、相互对照和条件对照。

③ 控制变量原则

控制变量是指在实验中有多个变化量,每次实验是只改变其中一个变量,保持其他的变量不变,即无关变量需要保持一致,最后进行总结得出相应规律。

三、活动过程——开展研究实践

(一)实地考察

本次进行研究活动的广东省汕头市中学科学素养黄跃涛科学实践基地,自然资源丰富,土地面积广,适合学生进行种植实践活动,也有利于对植物叶绿素合成因素进行初步探究。

(二)学生活动

1. 亲近自然,了解自然

自然界有花草树木、河流溪涧等各种自然景观,本身就是一本活生生的教材。现在的孩子们,特别是城市里的学生,每天除了被围困在语文、数学、英语等课程和钢筋水泥的建筑群之中,很少有时间去接触那充满生机的大自然。自然知识贫乏、实践能力滞后等问题越来越凸现,所以需要让学生走出教室,到大自然中去学习、探究、创新、实践。让课外探究活动起到丰富学生知识的作用。让学生从自然界中获取知识的感性认识,再结合课堂课本所学的理论知识,如此才能真正有效地提高对知识的认知、理解、掌握和应用,才能真正将知识应用到生活之中,才能培养学生的学科核心素养,提高学生的综合素质能力。

科学实践基地中有着丰富的自然资源,学生可以在老师和实践基地相关工作人员的带领下进行观察、学习。可以将学生分组,把基地划分为不同区域,并分配好任务。让学生对植物进行观察,查阅资料并进行挂牌活动,再让学生充分利用课外时间对所负责区域内的植物进行观察并搜集资料。如此一来,学生完全有机会去关注自然、亲近自然,在不知不觉中受到"爱护草木,保护环境"的情感熏陶,并结合自己的实践对知识进行巩固。

植物观察记录表

小组成员			
观察地点		观察时间	
植物名称	植物特点		
	......		

2. 制作植物标本

在了解自然界各种植物的同时,每位学生可采集某一株植物或某种植物的某一器官(根、茎、叶、花、果实、种子)进行植物标本制作。在为实践活动留下一个纪念品的同时,还锻炼了动手能力及操作能力,学习了新的知识技能。

(1) 采集一株完整的植物(最好同时有根、茎、叶、花、果实、种子)或某一种植物的某一器官(根、茎、叶、花、果实、种子)。注意所选择的植物体展开不超过A4纸大小。仔细地挖下植物体,小心清洗污泥,去除枯叶。

（2）将植物摊开在 A4 纸上，再盖上另外一张 A4 纸。

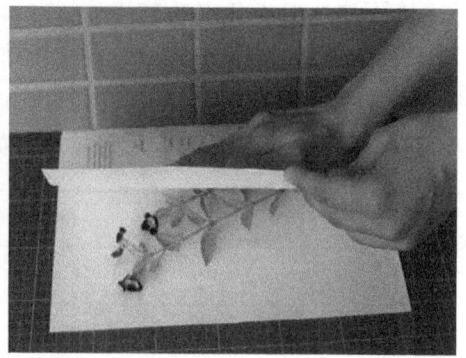

（3）将标本小心移入报纸中，并将报纸两处的开口钉上。

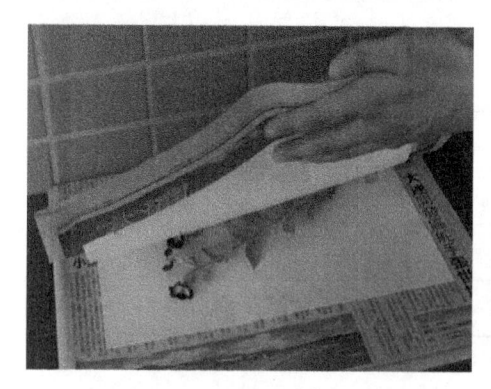

（4）标示取用开口，贴上标签。

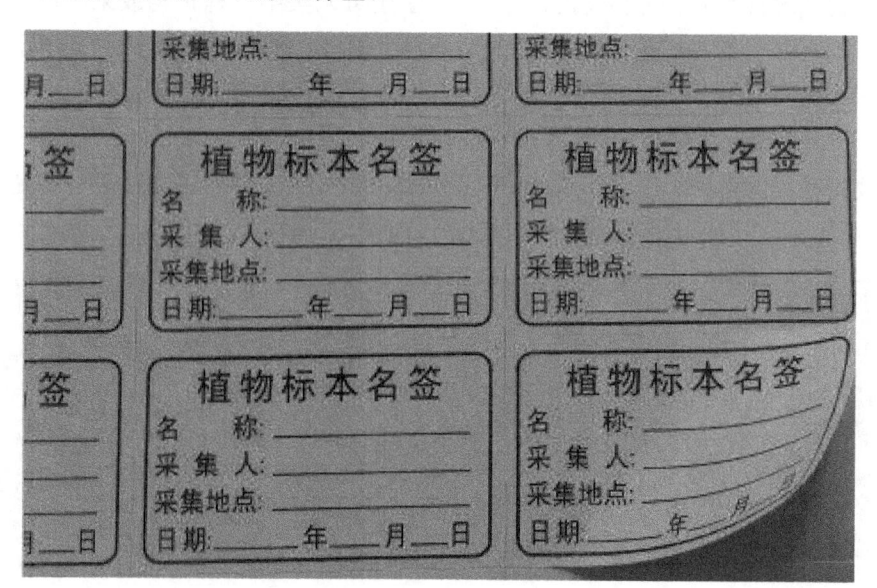

/ 探究影响植物叶绿素合成的因素 /

（5）在干燥地板上放置十张左右的旧报纸，须折叠整齐。将装有标本的报纸置于报纸堆上，折口最好相反放置，方便辨认。

（6）再放上数张报纸，以木板及重物压在整叠标本上，帮助标本干燥及成型。

（7）于第1、2、3、5、7天，更换标本间的吸水报纸，以利于标本干燥。

（8）注意事项

① 标签上应详载采集的具体年、月、日、时；采集的地点（最好能详列县市及路段）；采集的环境（如水沟、公园、草地等）；采集者姓名等信息。

② 选择含水较少的植物，这样比较容易获得成功。

③ 制作大约需要10天才能完成。

3. 采访基地工作人员，了解植物的基本种植技术

学生们大多没有任何种植经验，从小到大也没有接触过任何植物种植的相关内容。而学生们要探究影响叶绿素合成的因素，需要进行植物种植。所谓实践出真知，要学习基本的种植技术，最有效的途径之一就是直接向经验丰富的工作人员学习，通过采访得到相关的种植经验，了解注意事项。这对于初次接触该领域的同学来讲是一种很好的方式，一方面能够直接接收这方面的知识；另一方面也是锻炼各位同学采访能力的有效途径。

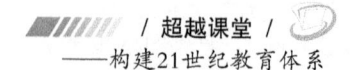

4. 理论知识学习

学生通过日常生活观察、课堂课本知识学习和查阅相关资料等方式,整理并掌握"叶绿素在植物光合作用中的作用""影响叶绿素合成的因素""绿叶中色素的提取和分离实验""探究实验的一般流程和实验原则"等相关理论知识,构建基本的知识框架。

5. 设计探究实验

各学生小组根据整理掌握的理论知识,各自选择一个影响植物叶绿素合成的因素进行探究实验设计。

(1)明确实验探究内容

理解影响叶绿素合成的因素,包括光、温度、矿物质元素和水等。各组学生应明确自己小组所要探究的方向和内容,如"探究光照强度对植物叶绿素合成的影响""探究光成分对植物叶绿素合成的影响""探究缺镁对植物叶绿素合成的影响""探究水分对植物叶绿素合成的影响"等,确定自己小组的研究题目。

(2)资料查阅

根据自己小组所确定的研究内容,结合科学实践基地的具体情况,通过向老师咨询、采访基地工作人员、查阅图书资料等方式,做好实验理论准备,如确定选择的植物种类、实验自变量的设置方式、实验结果的测定方式、植物的种植方法等。

(3)列出实验材料用具清单

根据自己小组所确定的探究内容,确定所需的材料用具,如菠菜种子、韭菜种子、遮光布、各色透明薄膜、营养液、缺镁营养液、干燥的定性滤纸、试管、面塞、试管架、研钵、玻璃漏斗、尼龙布、毛细吸管、剪刀、药勺、量筒、天平、无水乙醇、层析液、二氧化硅、碳酸钙等。

(4)设计实验

根据研究实验的一般流程和实验原则,通过小组的交流讨论,结合各自收集的资料,进行具体的实验设计。

实验名称:			
小组成员			
实验日期		实验场所	
提出问题			
作出假设			

续表

材料用具	
实验自变量	
实验因变量	
实验步骤	
1	
2	
3	
4	
5	
……	
观察内容	

(5) 设计实验记录表格

各小组学生根据自己组的实验内容设计记录表格,每隔相同的一段时间观察一次自己所种植的各组植物,并及时记录观察结果。

实验名称:＿＿＿＿＿＿＿＿＿＿＿＿＿＿＿

观察日期	观察人员	观察结果			
^	^	A组	B组	C组	……

(6) 实践活动——进行探究实验

各小组学生根据自己所制订的实验计划,在老师和基地工作人员的协助下,在各自实验区域内进行植物种植实验,探究影响叶绿素合成的因素,分工合作,并及时观察和记录实验数据,进行实验结果分析,得出实验结论。

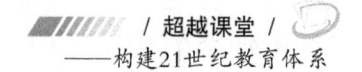

(7) 表达和交流

首先,小组成员有各自的分工与合作,因此成员之间需要随时进行交流和讨论,分析实践过程中遇到的问题并寻求解决方式。同时,由于各小组的探究方向并不完全一致,所以最后各小组之间还需要进行进一步的交流和探讨,互通有无,整合大家的实验结果,从而得出更为完整和完善的实验结论,并在此过程中相互发现彼此实验过程中存在的不足之处,为进一步实验提供思路和依据,从而完善自身的实验设计。

(8) 实验改进

根据最后的观察和交流过程所得出的结论,各小组可以进一步完善自己的实验设计,并进行相应的实验操作,验证自己的实验结论。如得出"叶绿素的合成需要有光,绿叶无光下会变黄"结论的小组,可以将黄叶再重新置于光下,观察叶片是否会重新变绿,通过该试验进一步验证"光会影响叶绿素的合成"的结论;又如"叶绿素在强光下易分解"的结论,则可通过将滤纸上分离得到的色素带置于强光下照射,观察叶绿素色素带颜色是否会变浅,进行验证等。

四、活动成果——学生撰写研究报告

本次实践活动过程中,学生们在参与时就潜移默化地对生物学知识有了一定程度的感性认知,能够将课堂学习的抽象理论知识具体化,从而更好地提高对知识的理解、掌握和应用能力,同时还可以有效激发学生自主观察、探究的主动性,提高学生的学习参与度,锻炼其包括动手能力、实践能力、操作能力、合作能力、实验探究能力等在内的综合能力,提高生物学科核心素养。同时,学生还应将实践过程中的相应内容整理撰写成相应的研究报告。

(一) 植物观察记录

植物观察记录表		
小组成员		
观察地点	观察时间	
植物名称	植物特点	
……		

（二）基地工作人员采访报道

（三）实验设计

实验名称：_____

小组成员			
实验日期		实验场所	
提出问题			
作出假设			
材料用具			
实验自变量			
实验因变量			
实验步骤			
1			
2			
3			
4			
5			
……			
观察内容			

（四）实验结果及结论

实验名称：_____

观察日期	观察人员	观察结果		
		A组	B组	C组	……
……				
实验结论					

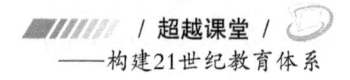

(五)实验评价

实验过程		探究影响叶绿素合成的因素				自我评价	小组评价	教师评价
	班级:	小组:		姓名:	时间:			
材料选择	是否科学地选取了种子并培育成幼苗作为实验材料(小麦、蒜苗、菠菜、韭菜、玉米、白菜种子等)?							
	是否正确选择了实验材料用具?							
探究过程	提出问题	是否根据日常观察和经验,提出需要探究的问题?						
	作出假设	是否能够依据日常经验和搜集的资料,对影响叶绿素合成的主要因素作出假设?						
	设计实验	是否利用选择的实验器具,制订出科学合理的实验方案?						
		制订的实验方案是否遵循了探究实验的基本原则(单一变量原则,对照原则,控制变量原则)?						
	进行实验	是否能够按照所选择的植物栽培要求进行合理种植?						
		是否坚持按时观察植物叶片颜色变化并认真记录?						
		小组成员间是否能分工合作,积极参与?						
	得出结论	是否能对实验现象展开讨论与分析并得出科学的结论?						
		当实验结论与假设不同时,能否认真分析原因?						
表达和交流		是否积极地向他人汇报实验过程并与其他组同学交流实验结果?						
		当本组结论与其他组结论不一致时,是否认真分析了原因或进一步进行探究?						

经实验,你们进一步探究的问题是:_____
你们制订出了探究方案吗?_____

通过本次探究活动,你有什么收获和感想:_____

本次探究活动中,你们组在哪些方面还可以做得更好:_____

小组评价	教师评价	等级
		A B C D

五、活动评价——交流与反思

科学实践基地作为一个校外课堂,既是现有生物实验室的拓展和延伸,也是它的一个有效补充,是一个促进学生接触大自然、了解大自然,将生物学知识与生活实际相联系的巨大平台。其具有的丰富动植物资源,能够为学生提供多样的实践活动场地和实验对象。学生在实践或生产活动过程中亲近自然、了解自然的同时,也达到促使学生主动获取知识、转化知识、应用知识的目的,增强了学生对自然现象的好奇心和求知欲,培养了学生学习的自主性和积极性。同时也让学生掌握科学探究的基本思路和方法,提高实践、团队合作、交流、创新等综合能力,从而达到增强学科核心素养的最终目的。

如何利用好科学实践基地,发挥对学生的促进作用,展示其巨大功效,一方面需要不断加强科学实践基地的建设,努力提高实践设备和实践项目的科技含量,将其建设成为特色培育、优势互补、可持续发展的素质实践新场所,满足学生成长和社会发展的需要;另一方面,也需要教师们不断深化对课程内容的理解和掌握,不断设计、优化教学课程,将课堂教学与实践活动有机地结合在一起,使其"1+1>2"。促进教育与生活的联系,发挥学校与社会的沟通作用,调动学生学习的积极性和主动性,彰显学生个性,全面提高学生的各项能力。

> 汕头市中学科学素养黄跃涛
> 科学实践基地项目研究案例

走进芦花鸡养殖基地

一、活动背景——发现与明确问题

养殖业与种植业同为农业生产的两大支柱，其中，养殖业在基础工业原料、人们日常生活等方面发挥了极大作用，其最直接的作用就是为人们的生活提供蛋、肉、乳等营养食材。

家禽饲养在我国具有悠久的历史，传说在轩辕黄帝时代，我们的祖先就已经开始"教民囿养鸟兽"并饲养"六畜"，所谓"六畜"，泛指家畜，具体指马、牛、羊、猪、狗、鸡。由现有史料可寻，我国是世界上最早养鸡的国家，家禽饲养也以鸡为首。甲骨文作为一种象形文字，其中"鸡"字凸显雄鸡鸣啼时头颈部的特点，可见先人最初驯养鸡主要是用于报晓。而后，随着人类社会的逐渐发展，养鸡的目的也主要变为获取肉食和蛋品。考古学家在我国发现了许多与鸡有关的文物，充分说明中国的养鸡历史源远流长。

芦花鸡（Gaiius domestiaus）是我国的土生鸡种，属于蛋肉兼用型鸡，在我国已有上千年的养殖历史。历经千年仍养殖至今，说明芦花鸡具有显著的优势。首先，其食物链广泛，昆虫、花草、饲料都会被进食，因此，在多数自然环境中能够比较容易获得食物，生存能力较强；其次，由于喜欢飞的习性，芦花鸡的体质与其他鸡种相比较更具优势，其免疫力更强，能够抵抗多种疾病，这大大降低了养殖的风险；此外，芦花鸡的耐寒能力比较强，在寒冷的冬天里也能较好地生长；最后,其分布广泛,对场地的要求不高。由于具备以上优点,芦花鸡在农村被广泛养殖。

H7N9型禽流感是甲型禽流感的一种。人感染禽流感病毒会引发急性呼吸道传染病,感染者一般表现为流感样症状,如发热、咳嗽、头痛、肌肉酸痛和全身不适等,重症患者病情发展迅速,表现为重症肺炎,体温大多持续在39 ℃以上,出现呼吸困难、休克、意识障碍及急性肾损伤等,甚至死亡。禽流感给家禽养殖带来严重的打击,为了预防家禽染病,许多养殖户在养殖过程中不惜大量使用抗生素,这给我们的食品安全带来较大的威胁。

我国农业自古就有精耕细作的特点,养殖业与种植业同为农业生产的两大支柱,自然在很多方面都体现出精细的特点。在悠久的养殖历史中,我们积累了丰富的芦花鸡养殖经验和技巧,这些经验和技巧都蕴含着先人的智慧,有一定的科学依据。但是,在市场经济的大环境中,在经济效益的要求下,养殖户在规模化养殖的过程中,到底是怎样进行养殖的呢?是否能做到科学养殖、绿色养殖?这些都是我们关心的问题。此外,由于猪肉价格的明显上涨,其他肉类的销量也随之上涨,鸡肉出现在寻常餐桌上的次数更加频繁。面对日益常见的鸡肉,我们不禁思考,这些鸡肉到底从何而来?市场上的鸡肉来源是否真的健康可靠?

于是,我们决定开展一次主题为"走进芦花鸡养殖基地"的科技实践活动。带着好奇与问题走进养殖芦花鸡的场所,切身了解芦花鸡的养殖环境,体会养殖过程的小细节,感受养殖户的养殖理念,并且期待我们能够用所学的知识给养殖场提供科学有效的建议。

二、活动方案——提出假设与制订计划

活动小组的成员可扮演新手养殖户,现要向有经验的养殖户进行访谈咨询,

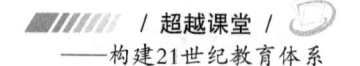

了解芦花鸡养殖基地的日常运作流程,并实地考察学习,最终根据调查结果完成科学实践活动报告。

进入扮演角色→查阅相关知识→绘制设计图→准备访谈资料→参观养殖基地→完善设计图→附上解释说明→撰写实验报告

作为一次科技实践活动,小组成员要明确活动的目的,带着任务去实地考察,而不是简单地参观游玩。

(一)活动目标

1. 了解芦花鸡养殖的日常流程和养殖知识;

2. 体验芦花鸡养殖户的养殖理念;

3. 尝试用自己的知识为养殖基地提供科学有效的建议。

(二)活动方式与内容

1. 访谈有经验的养殖户;

2. 实地参观考察养殖基地;

3. 自己收罗整理相关知识,提出疑问;

4. 小组讨论、互动学习,一起完成实践任务。

(三)项目支持

1. 时间:节假日、寒暑假;

2. 地点:一山里养殖基地;

3. 成员:学生活动小组、带队老师、养殖基地负责人;

4. 经费:项目支持。

• **活动指引一:如何制订活动计划**

没有计划的活动是杂乱无章的,会让我们看起来忙碌,实则一事无成。因此,在开展任何活动之前,我们要先制订一份科学且可行的活动计划,这样有助于我们取得理想的实际效果。

怎样的活动计划才是科学且具有可行性的呢?首先主题要清晰且方向明确,这样小组成员一看就知道现在应该做什么,接下来应该做什么;其次,要尽量做到细致,制订计划的时候我们要对可能发生的事情尽量预测一遍;第三,最重要的一点是要结合活动的实际情况,最好能够预先练一遍,才能确保按计划行事且不误事。

以下提供科学实践活动计划的几项常规内容:

(1)活动主题。活动主题是灵魂,作为中学生实践活动的主题,可以不同于商业活动的要有亮点、有噱头要求,但是一定要能贯穿于整个活动过程,有时候可以有多个小标题,但是每个小标题也要紧紧围绕大主题。

(2) 活动目的。科学实践活动是为了提升学生的综合素质,因此,活动目的要体现学生的活动参与程度,同时要求体现认知的提高。

(3) 活动时间、地点、参与人员。

(4) 活动形式。活动形式可以多种多样,例如,志愿服务、调查问卷、创新活动、参与体验活动等。要提醒各位同学的是,不管采取哪一种活动形式,要始终遵循安全至上的原则。

(5) 活动的内容和过程。此部分内容是整个活动计划的中心,因此,在结构充实完整的基础上要突出详细的特点,以保证整个实践活动能够顺利进行。

(6) 小组成员的分工。分工要详细,同时注意充分发挥小组各成员的优势,这样能够更好地激发每一股力量,从而使活动达到最佳效果。

(7) 预测活动成果。通过本次实践活动,我们希望达到哪些成果,这可以在活动过程中起到一定的激励作用。

实践活动计划一般包括以上的几个内容,我们在按计划进行活动的时候有时候会出现计划之外的情况,这时候需要我们充分发挥全体成员的随机应变能力,必要的时候需要我们对原定计划进行修改,但是不管如何修改,活动的主题始终不变。

练练手:芦花鸡养殖基地考察活动计划

活动主题			
活动目的			
活动时间		活动地点	
参与人员			
活动形式			
活动内容和过程			
成员分工			
预测结果			

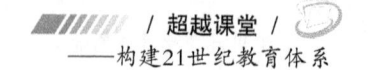

三、活动过程——开展研究实践

各小组成员分工合作,通过查阅相关知识,绘制属于本小组的养殖基地图纸初稿,然后通过访谈结果和实地考察结果,对养殖基地图纸进行完善,并附上相关解释说明,最终完成实践报告。

(一)角色代入

活动小组成员扮演芦花鸡养殖户新手的身份,现在大家都是合伙人,准备合伙创建一个芦花鸡养殖场。

(二)绘制养殖基地设计图纸

通过各成员初步收集的知识,小组成员一起绘制芦花鸡养殖基地的设计图纸。

芦花鸡养殖基地设计图纸1

(三)对有经验的芦花鸡养殖基地负责人进行采访

实践出真知,我们要对芦花鸡养殖过程进行深入了解,有效的途径就是向经验丰富的养殖户进行采访。这对于初次接触该领域的同学来讲是一种很好的方式,一方面能够直接接收这方面的知识;另一方面也是锻炼并提高各位同学采访能力的有效途径。

我们首先采用面谈的方式,有幸采访了一位有着10年芦花鸡养殖经验的基地负责人。10年前,该基地的负责人还是一个没有什么养殖经验的读书人,找到这一片山地后,从零开始,在一片荒芜的山地上开垦出了现在的这一片养殖基地,也种植了一定的作物,构成了一个真正绿色、科学的生态循环养殖基地。在10年的养殖过程中,基地负责人借鉴了许多前人积累的经验。同时,身为一位受过高等教育的学者,他自己也一直在不断地摸索、不断地用自己所学的知识改进各种养殖方法,更是一直在坚守、践行自己最初的养殖理念。同时,他也无私地将自己在实践中不断摸索获得的科学知识、有用的经验方法分享给当地其他的养殖户、农民。可以说,在采访对象的身上,我们感受到了新时代家禽养殖者,甚至是新时代农民应该坚守的良好品格。

在访谈过程中,基地负责人向我们讲述了他一直以来践行的绿色养殖理念,让我们感受极深。绿色养殖理念体现在养殖基地的每一处地方。其中,比较突出的就是养殖场的低密度养殖模式。此外,在养殖过程的许多小细节中,也贯彻着这一理念,例如可移动的鸡笼、添加了贝壳的地面、偶尔可见的假鸡蛋等,每一处彰显知识魅力的巧妙设计都让同学们深深折服。

整个访谈过程,顺畅且让人感到舒适,互动也很自然,各抒己见,互诉想法,大家都获益匪浅。随后的一段时间里,我们也通过电话、微信等方式与养殖基地负责人进行了多次访谈,大家对于芦花鸡养殖以及相关的内容都有了比较深刻且全面的认识。

• **活动指引二:访谈技巧**

在人际交往过程中,如果掌握了一定的访谈能力,那么对于建立良好的人际关系,获取更多想要了解的东西就更为有利。有机会进行访谈对中学生来讲更是一种难得的体验。

怎样进行一场成功的访谈呢?我们一起来学习一下。

首先,在访谈前需要做好充足的准备:

1. 确定访谈的主题和目的,要注意在访谈过程中不要偏离主线。

2. 设计访谈的问题。问题可以分成很多种类型,针对我们的主题和目的可以设计一些必问的重点问题和一些细节问题。此外,为了不让访谈过程过于严肃、单调,我们可以适当地设计一些"题外题",以创建较为愉快、轻松的访谈过程。这一部分最好能够整理出一张问题表。

3. 选定被访人之后,要了解其性格和心理特征,以便采用正确的访谈技巧,更好地推动访谈的进行。

4. 如果是小组成员一起出动进行访谈,可以做一个分工,例如主访人和记录人。这里用到的记录工具可以是智能手机、纸和笔,在征得同意的情况下也可进行摄影和采用录音笔记录。

5. 与受访人约定访谈的时间、地点等细节。同时要注意保持通讯方式的正常,确保能够随时与受访者取得联系,以应对需要改变时间、地点等突发情况。

其次,在访谈过程中要注意以下几点:

1. 营造良好的访谈气氛。可以从简单的寒暄开始,创造轻松的氛围。

2. 控制访谈的进程,包括问题的询问、节奏的调节、问题深度的控制等。要掌握转入细节问题的技巧,比如可以问:"您当时的想法是……";要简化流程,可说"您的意思是……",以此来明确受访者的观点;要会引申话题,可以说"您谈的这些很有意思,能不能……",还要注意控制好访谈时间等。

3. 不要轻易打断对方话题。当被访者谈及他(她)认为是重要的问题时,要牢记不要轻易打断其谈话,确实有必要的时候,再应用巧妙的方法转移话题。

4. 注意完整地把握受访者的意愿。要分析和把握敏感的问题、事件和人,当我们对受访者的观点有不明确的时候,应该当场验证,切记过后乱加揣测,甚至去臆测受访者的愿意。

5. 访谈过程中,不要轻易表达自己的观点。切记不要说"这样子不对,我应该……才对"。如果觉得自己的观点确实值得一提的话,可以委婉地说,"如果……的话,您觉得……",换成提问的形式,更能体现对对方的尊重,也能让对方更容易接受。

6. 要保持谦虚、认真的态度。谦虚、认真聆听是访谈成功的必要条件,切记漫不经心,这样会让受访者感受到不受尊重,因此不能对访谈者敞开心扉。同时也要注意自己的用词是否恰当、着装和坐姿是否合乎礼仪等,这些细节都是我们需要考虑的。

最后,访谈结束后要做到:

1. 及时将资料进行汇总;
2. 检查访谈的主要目的是否达到;
3. 对访谈资料进行分析;
4. 完成当天的访谈记录表;
5. 保持原始访谈记录,已备过后查询;
6. 如需再次进行访谈,做好下一次的计划。

练练手:围绕本次主题,设计一次访谈活动,完成下表。

被访者		职业	
访问时间		访问地点	
访谈形式			

/ 走进芦花鸡养殖基地 /

问题设计	
注意事项	
访谈记录	

(四)参观养殖基地,实地考察

1. 近距离观察芦花鸡的外貌特征

小组成员在基地负责人的带领下进入养殖场。大家的第一项活动任务就是近距离观察芦花鸡的形态特征,做好记录。从芦花鸡的体型、大小、鸡冠的特点、鸡爪的特点、羽毛的颜色、花纹等方面进行观察,完成信息收集并记录。

芦花鸡形态特征记录表

体型		大小	
鸡冠		鸡爪	
羽毛颜色		花纹	
其他			

观察记录了芦花鸡的特征之后,再组织小组成员对鸡群中的雌雄个体进行辨别。

牵手课本相关知识:

性别的决定方式之一是性染色体的形态。人、哺乳动物、果蝇、一些雌雄异株的植物等,其性染色体形态是 XY 型,雌性个体的性染色体表示为 XX(同型),雄性个体的性染色体表示为 XY(异型)。

思考:芦花鸡的性染色体形态与人类是否一样?如果不一样,那又是什么类型的呢?

知识扩展:生物界中,决定生物性别的主要是性染色体的形态。XY 型是我们比较熟悉的一种类型。另外还有一种 ZW 型,其中,雌性个体的性染色体表示为 ZW(异型),雄性个体的性染色体表示为 ZZ(同型)。ZW 型的代表性生物为鸟类和蛾类,芦花鸡属于鸟纲类动物。

自然界中,性染色体的数量、环境条件等也会影响生物的性别。

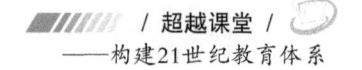

2. 寻找芦花鸡的踪迹

引导小组成员到养殖场的各个角落寻找芦花鸡的踪迹，估算本养殖场芦花鸡的数量，再根据养殖场的面积，估算此处的养殖密度。

本环节，学生可以先手绘养殖场的简单地图，然后进行区域划分，小组成员再进行分工合作，每两个人负责一小块区域开展寻鸡活动，最后再汇总。由于芦花鸡会到处走动，以此，在这一过程中要有同学注意观察芦化鸡的活动轨迹，尽量做到估算精准。

A 和 B 同学 （数量：……只）	C 和 D 同学 （数量：……只）
E 和 F 同学 （数量：……只）	G 和 H 同学 （数量：……只）

在此环节中，通过观察芦花鸡和养殖基地负责人的介绍，我们了解到该养殖基地采取的养殖模式是低密度养殖，相比许多养殖户为了达到更高的经济效益，不惜冒着最大限度风险进行的高密度养殖，这种养殖模式是很难得的。虽然一次养殖的数量不多，但是这样的模式更加科学、健康。

3. 收集鸡蛋，并自己动手煮鸡蛋

鸡蛋是养殖场的收入来源之一，活动小组成员可以通过收集鸡蛋，体会丰收的喜悦，同时也对鸡下蛋有了进一步的了解。

在收集鸡蛋之前要先找到鸡蛋，在寻找的过程中，要注意记录找到鸡蛋的位置、鸡蛋的数量、颜色、大小等。大家将找到的鸡蛋集中在一起，然后再对鸡蛋进行分装，整理成我们平常在超市里看见的样子。

收集完鸡蛋之后,为了补充体力,活动小组成员可自己动手蒸鸡蛋吃,享受自己的劳动成果。

在这一过程中,我们发现:芦花鸡下蛋会寻找较为隐蔽的地方,为了引诱鸡下蛋,我们可以在鸡窝旁边放置几个假的鸡蛋;鸡蛋的大小和鸡下蛋的次数有关,初次下蛋的芦花鸡,蛋会比较小;鸡蛋壳的颜色有深有浅,有些偏褐色,有些呈蓝青色,这些与鸡的年龄有关;鸡蛋在产蛋后3天吃口感会更好,因为刚产下的鸡蛋水分比较多,煮熟后鸡蛋膜很容易和鸡蛋壳黏在一起。

4. 仔细巡查,寻找养殖隐藏的科学知识

养殖基地负责人是一个乐于学习知识的人,10年来积累了丰富的养殖经验,在他的养殖场中多处都可见其智慧,体现在物资的放置、场地的规划、鸡笼的制作等方面。这些方面需要小组成员细心留意才会发现。因此,在仔细巡查之前,同学们可以先制作一个简单的表格,在巡查的过程中见到什么有趣的现象,或者是有疑问的地方,都可以马上记录下来。

问题采集表		
序号	出现的位置	有趣或疑惑之处
1		
2		
3		
……		

● **活动指引三：外出参观注意事项**

中学时期，学生的大部分时间是在校园学习中度过，偶尔集体走出校园外出参观，有助于扩宽视野，陶冶情操，提升团队意识，提高劳动能力，还能锻炼身体。但外出参观一定要做到安全、守纪律。注意事项如下：

到达目的地前：

1. 了解目的地的状况，如蚊虫较多的地方可先准备好驱蚊水。

2. 关注天气预报，避开雨天，选择天气好的时候出发，但仍需备好雨伞、雨衣等。

3. 选择舒服、合适的衣服、鞋子。如需住宿，要准备好洗漱用品。

4. 携带手机、纸笔，或者照相机、录音笔等用于记录的设备。

5. 携带水壶、纸巾，晕车的同学需要备好晕车药、塑料袋等。

6. 贵重物品尽量不要携带。

参观过程中：

1. 遵守纪律，听从老师和相关工作人员的指挥，不可单独行动，如需上洗手间等要和老师讲明。

2. 保持安静，不起哄、不打闹。

3. 注意看好提示，严禁乱摸乱碰。

4. 使用手机、照相机等拍照录像时要获得对方的允许，并且保持静音状态。

5. 注意文明礼貌，爱护花草树木、公共设施。

6. 树立时间观念，在规定的时间内到达指定的地方集合。

7. 仔细做好参观记录。

返程时：

1. 检查自身携带物品是否齐全；

2. 跟紧大部队，一起返回，不落单；

3. 及时完成参观记录的整理，完成任务。

（五）对养殖基地图纸进行完善，并附上相关补充说明。

根据访谈和实地考察后的各项记录资料，做好各种信息的整理归纳工作，对原芦花鸡养殖基地图纸进行完善，并附上相关解释说明。

芦花鸡养殖基地设计图（完善稿）

补充说明	

在完成了芦花鸡养殖基地设计图稿之后，有兴趣、有时间的同学，可以根据设计图动手做出一个养殖厂的物理模型，为整个实践活动增光添彩。

四、活动成果——撰写研究报告

本次实践活动，收获良多。它丰富了学生们的课后生活，增长了见识，锻炼了动手能力、劳动能力，相信对提高学生的综合素质具有较好的促进作用。

通过各种形式，我们了解到以下内容：

芦花鸡是我国土生鸡种，因其身上黑白相间的羽毛而得名，属蛋肉兼用型鸡种，由于具有食源多、分部广、免疫力强等特点，极具养殖潜力，故在我国被广泛养殖。本实践通过对一山林芦花鸡养殖基地进行跟踪调查，首先感受了该养殖基地的养殖理念——绿色养殖，即可持续养殖，其科学合理利用自然条件，做到人、鸡、虫、草等和环境的和谐统一，营造了良好的生态系统。其次，考察了该养殖基地的养殖模式——低密度养殖。养鸡的土地约有十亩，而真正养殖的鸡数量只有数百只，这种养殖模式给鸡提供了更多的生活空间，显著提高了芦花鸡的质量。最后，学生们仔细研究了养殖过程中的养殖细节及其所蕴含的科学知识，例如土壤的处理、鸡笼的制作、鸡窝的处理等知识。

（一）在访谈和参观过程中我们体会到了绿色养殖理念的精髓

通过跟踪调查以及与基地管理人员的谈论，我们了解了该基地的养殖理念为：绿色养殖，亦可称为可持续养殖。

1. **绿色养殖理念的实践**

放眼整个养殖场，我们看到的是一片极其"简单"的景象，乍一眼看不出任何科学的痕迹。但是，当我们进一步的观察后便能感受其中蕴藏的科学魅力，看似简单的装置实际都有一定的科学依据。

实例1：养殖基地的水源并不是出自水龙头的自来水，而是引自山上的山泉水。基地主人在泉眼旁边制作了一个小型的蓄水池，再将泉水引到养殖场，养殖场的一切用水都来源于此，包括清洗和饮用用水。经过层层过滤后的山泉水，其安全性得以保障，人、鸡均可放心饮用。

实例2：养殖场的电源来自沼气池。在养殖场内，建有一个一定规模且深度适中的沼气池，以此给养殖场提供廉价优质的能源。沼气池充分利用动物的排泄物，在细菌的作用下，将有机物分解，最终形成主要成分为甲烷的沼气。将沼气池与厕所联建在一起，没有臭味，也不容易滋生蚊虫。综合利用沼气池，具有节能和保护环境的优势。

实例3：养殖场内种植了多种蔬菜、瓜果等植物。这些植物的种植，合理利用了养殖场的土地资源，提高了生物多样性，使整个养殖场的环境更具综合性。

实例4：在养殖场的地面上，几乎看不到人为丢弃的垃圾。由于垃圾中含有各种有害物质，处理不当会造成土地的污染，进而污染水源、空气，甚至会传染疾

病,最终威胁生物的健康。故该养殖基地对垃圾处理要求十分严格,这对保护该区域的生态环境具有重要意义。

实例5:减少激素的危害,不对芦花鸡注射激素。此外,还对肉用鸡进行阉割,抑制激素对鸡生长质量的影响。有些不法养殖户为了缩短养殖周期,给鸡注射了大量的性激素,常吃这种鸡肉,会导致人体内的性激素含量偏高,进而引发一些不良症状。

实例6:在鸡生病时,及时隔离并用药物治疗,在保证鸡的安全之后再让其归群。此外,鸡在生病期间所产的蛋都会统一处理,不对外出售,确保顾客吃到的是健康的芦花鸡所产的蛋。

实例7:采用适当光照进行养殖,不能为了使鸡产蛋更多而进行过度的光照,保证鸡的持久产蛋。

2. 绿色养殖理念的作用

通过实践参观,我们可以看出养殖场在尽可能地遵循自然规则,凸显自然规则的奥妙,使得其各方面的潜力开发得当,处处彰显绿色养殖的理念,最终的作用也较为显著。

体现1:一个养殖场就是一个生态系统,该生态系统的健康指数较高,呈现人、动物与自然和谐共处的良好氛围。

体现2:芦花鸡的成活率高。对该养殖基地而言,绿色养殖使得鸡群没有了批量死亡的巨大威胁。如果没有严格执行绿色养殖理念,例如没有对生病的芦花鸡进行及时隔离与治疗,病毒就会很容易在鸡群中扩散开来,这样就很容易造成鸡的大批量死亡。

体现3:芦花鸡的质量高。通过观察芦花鸡的外观可发现,该养殖场芦花鸡的毛发特别鲜艳,鸡的灵活性较高。另外,较多的回头客也能体现鸡的质量。

（二）实地感受低密度散养模式

1. 低密度养殖

在养殖场，芦花鸡采用低密度散养方法：不把芦花鸡关在笼子里，而放任它们在山中自由活动。养鸡的山地面积约5亩，而真正养殖的鸡只有400只左右，这种低密度养殖的方法给鸡更多的生活空间和自由。

但不是所有的鸡都采用散养的方法，其中也有小部分鸡采用圈养的方式，这主要是为了使鸡产蛋，或为方便鸡的交配。另外，对新孵的小鸡也会实行圈养，以保证小鸡的存活率。

2. 低密度养殖的好处

第一，鸡、草、虫达到生态平衡，减少环境破坏。芦花鸡以虫、草为食，虫、草进入鸡的食物链中，使得大自然中的天然物质能够在鸡的体内储存，鸡的肉质更加具有自然风味。

第二，符合国际上提倡的动物福利要求，鸡更具幸福感。欧美等发达国家的鸡产品都有标注养殖密度，并且以此作为产品定价的标准之一。

第三，大自然有免疫调节能力，该模式很好地保护了生态平衡，使该养殖基地的自我调节、恢复等能力较强。例如，自然界中各种微生物种群达到平衡，放线菌、芽孢杆菌等各种菌种一方面会分解鸡的排泄物，另一方面也会与病菌竞争生存空间，从而减少了鸡群疾病暴发的可能性。

第四，鸡舍的设计也是按照低密度的标准进行。鸡是一种群居动物，它们有家的概念，不管白天在哪里活动，晚上必定回巢。鸡舍里密度低通风好，可有效降低鸡群呼吸道疾病传播与发生的风险。

（三）巡查发现养殖细节中蕴藏的知识

1. 根据土壤特征做出相应措施。由于该地区钙含量较低，所以在地面上撒些牡蛎壳，能够增加土壤中钙元素的含量，避免芦花鸡产下软壳蛋。

2. 鸡笼是可搬动的。该养殖基地每两周会给鸡笼挪一次地,让鸡笼下面的鸡粪能够在太阳下晒干、风干,从而减少病菌大量存在的风险,既保护了土壤,也保护了鸡群。

3. 鸡的脑垂体受光照刺激后会加快排卵,一天保持 16 小时左右的光照时间能增加产蛋性能。有些养殖户为了增加产蛋量,会加大光照强度和光照时间。但是该养殖基地基于鸡的寿命考虑,只是让鸡群进行适当的光照,这样既保护了产蛋鸡,也让其产蛋时间得以延长。

附:鸡蛋的颜色和大小与鸡的年龄有关,刚产下的鸡蛋水分含量比较多,因此煮熟之后鸡蛋膜容易粘着蛋壳。

- 活动指引四:如何撰写实践活动报告

如果实践活动随着活动的结束而结束,那么这将是一次不完整的活动,就像鱼儿缺少了尾巴一样,不完美。撰写实践活动报告,实际上就是用科学的方法把我们参与的活动完整地记录下来,这样有助于我们留住难得的记忆,也有利于日后随时查阅。

实践活动报告的结构要合理,内容要详细,逻辑要严密,思路要清晰,这样才便于自己或他人阅读。上面仅展示了实践活动所获得的部分结果,一般的实践活动报告要包括以下几方面内容:标题(包括活动主题,作者名字);活动背景;活动计划;活动过程;活动成果;活动评价(包括交流与反思)等。

六、活动评价——交流与反思

(一)活动评价

一份完整的实践报告需要"活动评价"。我们认真完成了准备工作、进行了访谈、也实地进行了考察、参与了各种体验,这一系列的活动也让我们获得了一定的成果。整个活动过程从计划到结束,我们既然已经历过,那么对活动进行评价,对活动和参与人员进行肯定,更能激发学生的积极性、主动性,这对本次活动和以后的活动都具有一定的意义。

进行活动评价,常见的方式有会议讨论评价和书面评价。下面我们尝试制作一个评价表并对本次活动进行评价。

<table>
<tr><td colspan="3" align="center">活动评价表</td></tr>
<tr><td>活动主题</td><td colspan="2"></td><td>完成时间</td><td></td></tr>
<tr><td>小组成员</td><td colspan="2"></td><td>指导老师</td><td></td></tr>
<tr><td colspan="3" align="center">评价内容</td><td colspan="2">评价等级(ABCD)</td></tr>
<tr><td rowspan="3">活动准备</td><td colspan="3">1. 积极参与</td><td></td></tr>
<tr><td colspan="3">2. 主动与同学配合、团结互助</td><td></td></tr>
<tr><td colspan="3">3. 认真听取老师、同学意见和看法</td><td></td></tr>
<tr><td rowspan="5">实践活动</td><td colspan="3">1. 善于收集资料</td><td></td></tr>
<tr><td colspan="3">2. 善于访谈</td><td></td></tr>
<tr><td colspan="3">3. 敢于提出问题,表达自己的观点</td><td></td></tr>
<tr><td colspan="3">4. 动手实践能力强</td><td></td></tr>
<tr><td colspan="3">5. 认真完成各项任务,对实践小组有贡献</td><td></td></tr>
<tr><td rowspan="3">活动成果</td><td colspan="3">1. 及时完成活动的交流,积极汇报</td><td></td></tr>
<tr><td colspan="3">2. 及时整理活动记录</td><td></td></tr>
<tr><td colspan="3">3. 写好活动日记</td><td></td></tr>
</table>

(二) 交流与反思

实践活动的反思是我们对实践活动中的各个方面进行的全面而深刻的思考。通过反思,我们能够发现活动过程中的成功与不足。成功之处能够给予我们鼓励、增强自信,让我们对以后的活动充满激情;不足之处会促使我们不断地去改进与完善。借助评价表,从不同的角度(知识、能力、态度、情感等)进行反思也是一种有效的途径。

实践活动结束后,小组成员进行了交流与反思。针对芦花鸡养殖基地,也发现了一些问题亟待解决,在此提出了一些建议。

1. 山上芦花鸡养殖场经常受到野猫的袭击,这带来了一定的损失。因此要加大防护措施,尽量避免野猫的入侵。

2. 现在市面上的商品鸡,采用规模化快速生产,大概 45 天就能长到 2 千克。而按照传统土鸡的养殖方法,4 个月只能达到 1.5 千克左右。当前世界人口多,各国都在寻找增产的方法,低密度养殖法虽然可以保证健康,但是产量不高,较难推广。

3. 芦花鸡在卖出之前会被脱毛,该养殖基地的芦花鸡质量很高,毛发很艳丽,因此可以对鸡毛进行适当处理后卖给工艺品制造厂家,充分发挥其优势,增加商品附加值。

本次活动,我们见识了一位坚持绿色养殖理念的养殖户及其绿色养殖之路,我们希望在追求效益之风的同时,仍然能够有越来越多的人加入他的阵营,共同营造健康的生活环境。

附件:学生实践活动日记

实践活动日记

今天是最后一次参观芦花鸡养殖基地,心情跟前几次很不一样。刚开始听到要去芦花鸡养殖基地,我的内心有些许的抗拒,脑海中浮现的是一个个笼子、栅栏,里面关着一群芦花鸡,地上四处是鸡粪,脏兮兮、臭烘烘的。但事实上,到了养殖场后我便改变看法了。记忆犹新的是,养殖场里面还挺干净,我当时还不知道把纸巾扔到哪里,因为地上很干净,又看不到垃圾桶。在之后的活动里,老师和基地负责人一直在给我们介绍各种东西,我们也会一起查阅相关的文献和资料,之后我对于去芦花鸡养殖基地这件事是很开心的。回想起整个过程,我学到了东西,也开拓了视野。

我学到了很多的课外知识。

在此次芦花鸡养殖基地的实践调查活动中,我学到了很多新的知识,使我受益匪浅,很多平时课堂上无法学到的知识在这里都能学到。这次活动也让我学习了养殖的过程,了解了芦花鸡的养殖是如何与生态环境保护结合起来的。

我学会了如何了解一件事物。

想法上从参观前期的全凭想象到后来的查阅文献、资料的转变。一开始因为对资料的敏感度不高,以至于搜索了一堆无关的资料,也漏掉了一部分值得注意的知识。通过一次次的调整,终于找到了有价值的资料。我明白了查阅资料去了解一件事物一定要先找准关键词,抓住事物最突出的特征,绝不能毫无目的搜索。此外,了解一种事物不能仅限于查找资料,要通过亲身经历去了解、去实践。

我学会了思考问题。

这次参观所看到的一些现象是以前我所不能理解的,当时的第一反应就是向老师提问,而没有经过自己的思考。后来老师会把他知道的东西对我们有所保留,让我们先自己思考。是的,自主学习、思考是锻炼我们思维的必要途径。

我的视野得以开拓。

通过本次实践活动，我看到了芦花鸡的饮食习惯。它们的食谱挺广的，有多种食物；芦花鸡也很活跃。我们在一些小土坑里还找到了一些鸡蛋，十分开心和惊喜……

总之，本次参观芦花鸡养殖基地的实践活动，让我获益匪浅。

最后我要感谢老师、养殖基地负责人给了我如此宝贵的机会，我将铭记此次经历，将所学、所见、所闻应用到日后的学习中，不辜负大家的期望，让自己变得更加优秀！

> 汕头市中学科学素养黄跃涛
> 科学实践基地项目研究案例

智能鸡窝的开发

一、活动背景——确定实践项目

随着国家对农业发展的重视,以及人们对绿色饮食的关注,智慧农场成为当前备受关注的生态农业发展手段。作为农场园区的经营者,最头疼的问题莫过于两点:一是所经营作物的销售途径问题;二是作物的生长状况及生产过程把控。通过智能化管理和远程实时监控农业园区的生产过程、生态环境、作业监督等手段,在更好地指导生产的同时,也打消了用户对绿色产品的顾虑,营销方面也大大拓展了途径。但经营者在园区安营扎寨越多,则导致园区的规模也越来越大,在看护方面投入的费用和人力也就越多,这就严重制约了农业园区的发展和扩大。

农业物联网综合监控技术的突破,利用软件平台和先进的硬件设备,建成支撑现代农业发展的物联网综合管理服务体系,建设农业物联网综合平台,完成覆盖全农场的决策指挥调度体系。

在农业种植、水产养殖、畜禽养殖和大田种植监测上,广泛应用农业物联网技术,可以实现精确感知、精准操作、精准管理,得到农产品产量增加、投入减少、劳动力消耗减少、成本降低、质量提高、价格提升等效果,取得良好的经济效益、社会效益和生态效益。

本次课程设计主要以"智能农场——智慧鸡窝"为例,通过温湿度和蜂鸣器来制作一个智能鸡窝,帮助农民更好地管理养殖。

- **活动指引一:怎样确定智能农场建设活动的主题**

综合实践活动课主题的确定很重要,不得过大、过宽、过偏,入口要小,便于操作。综合实践活动的内容应与学生的生活实际紧密联系,选择学生感兴趣的话题,最好是学生生活中常见的又没特别留意,却又是值得学习、了解、探究的事物或现象。恰当有趣的主题,能增强综合实践活动课程的实效。今天就以"智能鸡窝设计"为例,谈谈主题确立及分解实践活动中的有效指导。

一、"问"是指导的起点

教育家陶行知说过:"发明千千万,起点是一问。"综合实践活动的开始,也是"问"。问题从何而来?怎样引导学生提出问题,是综合实践活动指导教师在准备阶段面临的第一个问题。

1. 了解问题的来源

(1) 问题来源于学生的生活实际。新课标强调要充分尊重学生的生活实际,要充分利用学生生活中的资源对学生进行教育。新课标的思想为综合实践活动的主题和内容提供了有益的指导,生活即教育的思想得到重视和体现。在学生生活经历中处处蕴藏着问题,为此,综合实践活动指导教师只要积极引导学生认真体验身边的事和物,就能提出许多问题。

(2) 问题来源于学科教学的延伸。新课标加强了学科间知识的融合,注重学科的综合性,由学科教学的内容延伸出综合实践活动的主题和内容。例如以"智能鸡窝"为主题的综合实践活动课,引导学生到各个农场去感受一下养殖户养殖鸡的整个过程,还可以到网络上、书本中、图片里去搜集养鸡的各种知识。

(3) 问题来源于学生的兴趣。常言道:兴趣是最好的老师,有了兴趣,就会去关注、去观察、去思考,就可能提出问题。为此,综合实践活动指导教师要充分关注学生感兴趣的话题。教师可以从平时的观察中将学生的兴趣汇集起来,从中选择受关注面比较大的话题,作为综合实践活动的问题。

2. 培养问题意识,引导学生提出问题

(1) 勤于观察周边生活,形成问题意识。问题意识是综合实践活动课程的重要价值之一。综合实践活动的许多活动主题就是从学生的问题中来。如何引导学生提出问题呢?首先,教师引导学生留心观察周围的生活,激发学生的探索欲望,引导学生发现问题、提出问题,逐步培养学生的问题意识。例如,小鸡们一天的生活是怎样的?鸡需不需要睡觉?小鸡整天都待在鸡窝里吗?小鸡吃什么?……在不断的"问题"中,逐步形成学生的问题意识。

(2) 创设情境,开展讨论、交流,提出问题。要引导学生提出问题,需要教师精心创设一定的问题情景,营造一种问题环境和土壤,才能激起学生的问题欲和探究欲。这种问题情境,可以是真实的生活情境,如带领学生到实地去参观、感受和体验,从中发现问题、提出问题;也可以是创设虚拟情境,如给学生放映一段音像资料、提供一个新闻报道、表演一个现实事例等。

二、"转化"是指导的关键

1. 归纳整理：学生提出的问题五花八门，有的难、有的易、有的大、有的小，涉及各个方面、各个层次，教师要引导学生对提出的问题进行分析整理。对这些问题进行分析的过程，也是引导学生再次思考提出问题的过程。对提出的问题进行梳理，把内涵大体相同或互相包含的问题归类，进而在同一个主题下归纳整理成几个小组的活动主题。

2. 讨论确立：引导学生对几个小组活动的主题逐个进行价值判断和可行性分析。我对活动主题中的问题感兴趣吗？我的知识和能力能胜任活动主题中的课题吗？这个课题有没有实用价值？这个课题别人做过没？如果别人做过，那么我们再做时有没有创新？我们能否从校内或者校外找到能指导我们研究这个课题的老师？哪些同学能够成为我的研究伙伴？这些同学在哪些方面与我的兴趣爱好相同？他们有哪些长处能弥补我的不足？……

3. 主题表述：确定了小组活动主题后，要给这个主题活动取个名字，即活动主题确定以后，主题该如何表述呢？主题表述的主要依据是学生归纳整理后的问题，看这些问题围绕着什么。它要求高度概括活动的内容，能传递这一主题活动的主要信息。主题表述可以采用直接以活动涉及的对象为主题的名称，无论采用哪种主题表述的方式，一个好的主题名称的表述应该是简洁、清晰、完整、准确、概括性强的。另外主题名称的表述应该有一些综合性，便于学生在这一主题下开展各种类型的活动。

选定我们的主题

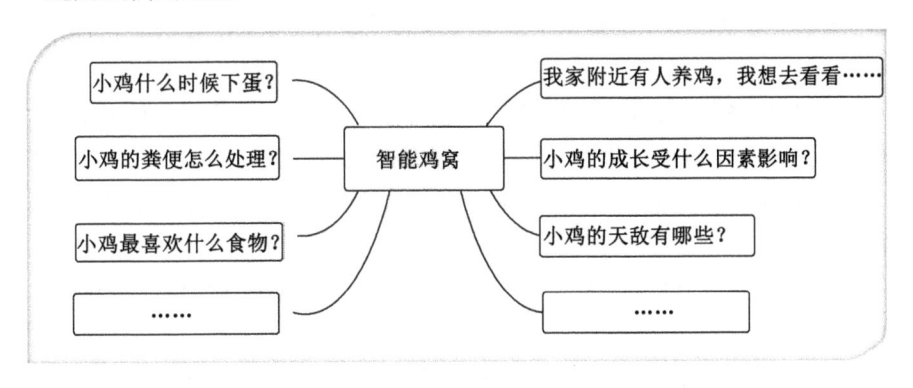

```
小鸡什么时候下蛋？          我家附近有人养鸡，我想去看看……
小鸡的粪便怎么处理？   智能鸡窝    小鸡的成长受什么因素影响？
小鸡最喜欢什么食物？          小鸡的天敌有哪些？
……                       ……
```

二、活动方案——制订活动计划

综合实践小组根据实践活动的相关性，用思维导图画出与智能鸡窝相关联的人、相关部门及项目，然后采用文献法和实地考察、调查访谈的方法开展研究，

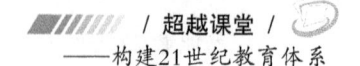

并根据研究结果绘制活动蓝图。

我的主题：_____

我的理由：_____

客观条件：_____

我的优势：_____

如果不能实现,我觉得把主题改为

_____

也能达到类似的效果。

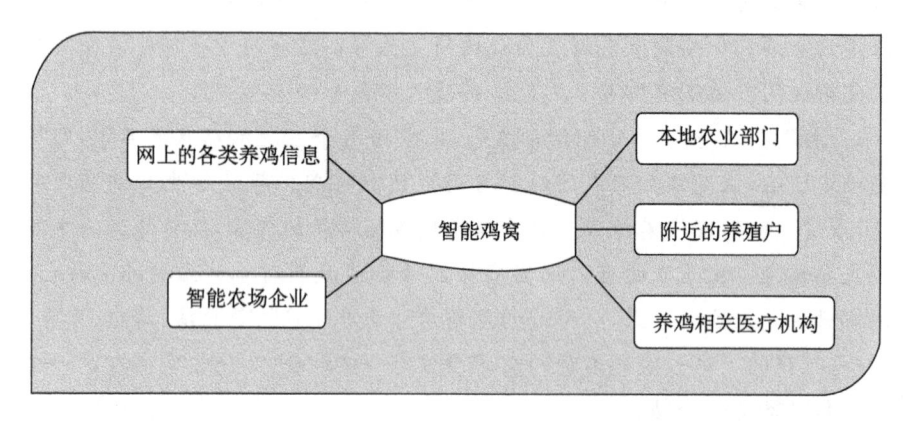

```
         网上的各类养鸡信息              本地农业部门
                        \\           /
                         智能鸡窝 —— 附近的养殖户
                        /           \\
         智能农场企业                 养鸡相关医疗机构
```

1. 通过调查,了解本地养鸡的品种、生长周期、市场行情、销售渠道和养鸡户的收入等基本情况。可以通过与家长一起进行网上搜索养鸡活动资料的方式,了解养鸡的品种、知道小鸡生长的基本要素、学会辨别小鸡成长的好坏等知识。

2. 通过观察养殖实践活动,培养学生合作探究的能力和提出问题、分析问题并想办法解决问题的能力,培养学生的实践能力。

3. 通过小鸡养殖活动,引导学生树立正确的劳动观念,端正劳动态度,养成良好的劳动习惯,并培养学生良好的道德品质。

4. 通过小鸡养殖活动,引导学生体验劳动带来的喜悦,感受"一分耕耘一分收获"的喜悦。

5. 通过采访相关智慧农场企业技术人员,了解科技带来的便利,培养学生对技术的探究兴趣。

• **活动指引二：活动计划的制订**

活动计划的设计就是在一定的教学理论指导下，以具体化的形式反映方案设计、教学活动内容的具体操作程序。作为具体的操作程序，要从微观上把握教学活动的有序性和可操作性。

教学任务：解决如何制订活动方案的"设计问题"。

课型结构：回顾导入——分组讨论——全班交流——完善方案。

制订活动计划表，活动计划表包括以下内容：活动主题、活动成员、负责人、活动时间、活动地点、活动过程（步骤）、人员分工、注意事项（备注）。

制订我们的活动计划

_____活动计划表

活动主题			
小组成员		组长	
活动时间		活动地点	
活动过程			
人员分工			
注意事项			

三、活动过程——开展实践活动

我们试着从以下几方面入手来对学生进行指导。

（一）指导学生做好智能鸡窝制作的准备工作

1. 帮助学生认识与正确、安全使用各类传感器。我们大部分学生都生活在农村，对各类电子设备接触不多，更不要说使用了，甚至连名字也喊不上来几个。基于此现象，我们在指导学生制作之前，有必要先帮助学生对各类电子设备有基本的认识和学习相关的编程语言。这样，才能让学生在实践中提高效率，并避免安全隐患。

2. 提醒学生参与智能鸡窝制作时的注意点

团结协作：分工不等于分家，更不是互不干涉。活动中需要团结互助，如一桶水很重，要两个人抬；搭棚时要有人扶住枝条，才好用绳来捆绑等。

文明道德：活动时不管是与人交流的语言还是行为，都要文明。不能只顾自己动手而影响他人,更不能为了自己的利益而去破坏他人的劳动成果。

注意安全:活动制作要用到各类设备,同时也需要用到电,而且又是多名学生一起劳动,就存在一定的安全隐患,要提醒学生规范使用设备,千万不能把设备当成"玩具",更不能当成"武器"。

做好过程性管理:在整个活动的过程中,教师要与学生一起做好具体计划和每个阶段的工作记录和小结,做好后期总结。

(二)带领学生前往汕头市中学科学素养黄跃涛科学实践基地,观察小鸡养殖的全过程

1. 在李教授的指导下,帮助学生认识小鸡的养殖过程,包括从鸡苗的选择、养鸡的吃、喝、拉、撒、睡的管理,到小鸡生蛋的整个过程。另外,我们还要指导学生学会如何养护小鸡,才能养出天然生态的鸡蛋。

2. 引导学生科学管理养鸡过程。播下种子等着丰收是一种幻想,一分耕耘一分收获,没有付出辛苦的劳动,怎么会有丰收的喜悦? 所以,适时、适当的养护是至关重要的一环。俗话说"农民靠天",讲的是农业生产与天气的关系。掌握好天气变化,对养殖的管理起着事半功倍的作用,反之则事倍功半,没有好收成。所以在指导学生养殖鸡的同时,要引导学生积累相关的谚语、歇后语,便于更好地指导实践活动。

3. 指导学生观察小鸡的成长、辨别鸡种的好坏。观察也是养殖活动的重要一环。通过观察,可以帮助学生了解、掌握小鸡的成长健康状态,并分析下一步鸡窝应该怎么设计。帮助学生学会辨别小鸡成长的好坏,不管是对知识还是对生活经验,都是一种很好的积累。那么怎么辨别小鸡成长健康的好坏呢?主要引导学生从小鸡的大小、精神状态和行为活动上去辨别。

4. 指导学生正确收获鸡蛋。等到母鸡生蛋的时候,应该怎样才能让母鸡妈妈多生出好蛋。

(三)指导学生做好小鸡养殖的记录

做好记录,不管是对学生实践活动的习惯培养,还是对以后的分析总结,都有莫大的帮助。指导学生做好实践记录,就要明确地告诉学生怎么做。

管理日志:可以用表格的形式记载管理过程和其中发现的问题、解决的方法、引发的思考等。

观察日记:要记清楚观察所得,特别要写清楚观察对象与上次观察时所发生的变化,如大小、形态、色彩等。也可以直接拍摄下小鸡的照片。活动感受:可以围绕印象深刻的事情谈自己的想法,也可以抓住重要活动环节去分析,还可以是叙述一次活动引发的思考等。

/ 智能鸡窝的开发 /

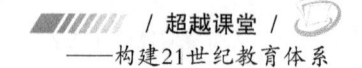

●活动指引三:如何进行采访?

一、设定采访计划

1. 修订并完善各小组的采访计划;

2. 进行现场模拟采访,并掌握提问的技巧;

3. 能正确评价他人的采访,并能做好采访记录,写下采访体会;

4. 提问:采访之前应考虑哪些问题?(做哪些准备)

5. 梳理:确定采访小组并进行分工;确定采访小组对象;明确采访主题;确定采访时间;撰写好采访提纲(即怎样提问)。

二、修改完善采访计划

1. 召开小组会议,讨论采访提纲;

2. 组长分组:各专题小组分成两个采访小组;

3. 确定采访对象,并通知采访内容(小组长于课前将采访提问告知采访对象——老师或学生);

4. 写好采访计划表(课堂完成)。

三、现场模拟采访指导

1. 根据计划完成情况,确定1~2组进行现场模拟采访;

2. 评价采访情况,教师根据学生的意见进行归纳小结,如采访时用语、采访的提问等。

四、各采访小组模拟采访

1. 小组模拟采访;

2. 采访对象评价;

3. 学生谈采访体会(收获、感言)。

围绕你们组的实践活动主题,进行一次采访活动,并记录下你的收获吧!

采访		摄像		记录	
采访主题					
采访时间					
采访对象					
采访记录					

续表

问题总结	

四、活动成果——撰写活动报告

经过调查,我们的结论与建议如下:

目的和基本思路:目前,鸡养殖业是我国城乡居民菜篮子的主要品种之一,是农民再就业、发家致富的有效途径,是国家出口创汇的重要来源。近年来,我国的鸡养殖业迅猛发展,为我国的经济发展作出了较大贡献,其养殖技术也得到了推广和普及,为肉鸡养殖业的发展发挥了较大作用。但是,通过对林教授养鸡过程的采访,发现先行的养殖技术和饲养方式存在很大的不足和欠缺,具体表现为现有的鸡都养殖在一个鸡窝内,而且仅仅依靠门的透气,使得其内的鸡的透气不顺畅,鸡窝内的空气流通较慢,鸡得不到一个好的生活空气,极易影响鸡的身体健康,容易造成黑胸病或球虫病的传播。因此需要在晴天的时候将鸡驱赶出鸡窝让其到室外活动,避免长期待在鸡窝里。晚上天黑的时候鸡回到自己的窝休息。鉴于此,本设计主要通过温湿度和蜂鸣器来制作一个智能鸡窝,帮助农民更好地进行养殖管理。

研究过程

1. 先用纸箱和铁丝网制作出产品模型;
2. 了解红外线传感器及超声波传感器;
3. 通过Arduion编写程序实现智能可控;
4. 组装元器件。

原理:通过温湿度传感器,感受大气的湿度,在预测的下雨天气或空气潮湿时,通过主板,自动关好窗户;再通过光敏传感器,在阳光充足的情况下,自动打开鸡窝门。利用红外线传感器,用遥控实现对门角度的控制。

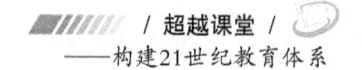

优点：可以做到远程操控鸡窝门的开与关，根据外界环境的光照强度、空气湿度，在无人情况下自动调节。

创新点：智能可控，鸡窝的开关模式。

改善设想：能够使用网络远程控制鸡窝的状态。

实现功能：自动模式。

早晨出笼	光敏电阻当光线强度为（GD:70-80）时，自动通过马达将门打开，并延时30分钟，使鸡有足够时间出窝活动觅食。
黄昏回笼	当光线强度再次达到（70-80）时，马达将再次打开门并延时30分钟后关门，使鸡有时间回窝休息。
白天下雨	有特殊情况时，水位传感器对水位进行感应，当水位达到一定值时，符合编程设定。打开鸡窝门并延时30分钟，使鸡有时间回到鸡窝遮蔽雨水。
晚上警报	当夜晚降临，野生动物活动频繁时，可通过超声波传感器起警报作用。当野生动物靠近鸡窝时，触发警报装置。通过蜂鸣器发出声音，通过LED灯发出亮光，刺激动物起驱赶作用。

手动模式：可以通过红外遥控，手动控制鸡窝门的开关，方便农场主观察鸡窝情况。

学生制作过程记录图片：

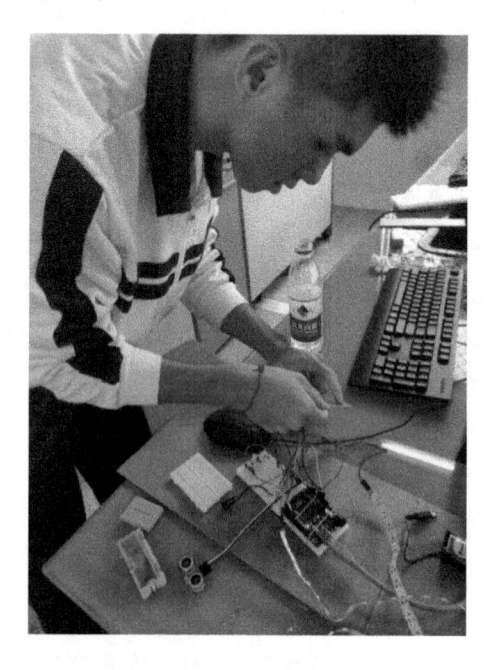

智能鸡笼模型成果：

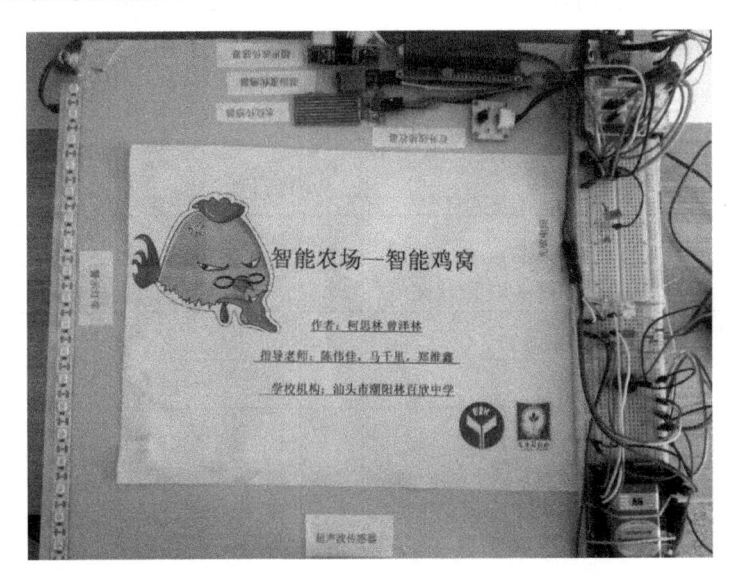

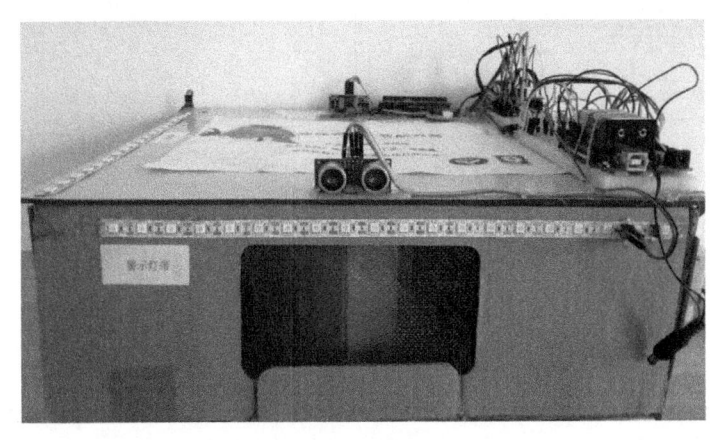

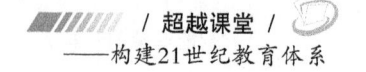

•活动指引四：如何撰写研究报告？

研究报告是用来进行科学研究和描述科研成果的文章。对于学生来讲，经过一段时间的辛苦研究，取得了第一手素材，应对经过处理后的资料加以分析，探寻其优缺点，以及原因并加以论证，作出结论，提出建议，形成的文字就是研究小报告。有的同学很怕做这一工作，以为撰写研究报告是个高深的工作。实际上，这个工作只是你的一篇带有研究性质的作文而已，只要牢记这样一个宗旨：中心突出、简洁明了，那么无论撰写哪一类型的研究报告，都会成功。这个报告是写给别人看的，所以，应该站在读者的角度去思考如何把你所做的工作表达清楚。应该让读者很快明了你所做的工作是个什么样的工作，你为什么做这件事，你所采用的研究步骤是怎样的，你遇到了哪些问题，这些问题是如何解决的，你的结论是什么。通过报告可以了解你究竟都做了哪些工作，从而支持你的观点。我们与学生通过多次尝试后，形成以下简要格式：（可以根据具体活动和年级增添内容）

_____活动报告

活动课题		班级	
		组别或人员	
活动设备器材			
操作步骤		我们的发现	

结论：

五、活动评价——交流与反思

做好活动的分析、总结与评价，既是对学生实践活动的一种肯定，也有利于经验的积累与推广，为以后的活动提供各种依据。而总结评价的主要依据就是班级实践活动方案、小组（个人）活动方案以及管理日志、观察日记、阶段性小结、学生的活动感受等资料。总结要从正反两方面去做，既要有成功的经验，也要有失败的教训，不能报喜不报忧、走过程。总结主要根据计划对照过程进行评价，力求理论联系实际，尽量用数据说话，要做到深入、翔实，切实起到推动与提高的作用。

家庭是孩子的"第一所学校"，家庭生活五彩缤纷，家庭资源不可小看。住在农村的同学家家都有田地，邻里之间也有养殖各类家禽的，这就是我们可以利用的"原始资源"。而且，家里每一位家长都是学生最好的辅导老师，可以一对一地指导孩子，给孩子介绍各种养殖经验。假日里，学生可以和家人一起进行养殖活动，这样可以直接在实践活动中向大人讨教经验，以指导我们校内的实践活动，也能从家长口中学到常用的、与农业养殖生产息息相关的谚语、歇后语等。让孩子从实践中得到快乐，学会独立思考和动手能力。

● 活动指导五：如何撰写活动评价？

综合实践活动是一门综合性的、关注学生生活经验的课程形态，因此对综合实践活动的评价不能采用传统的考试方法，而应该从整体方面进行评价。

1. 关注学生主体：综合实践活动是以学生现实生活中的主题或问题为中心的，其独特价值集中体现在学生经验和体验的获得上，因此综合实践活动的评价要关注学生的感性经验是否丰富、精神生活是否充实、生活方式是否完善等。即学生在综合实践活动中，走近自然认识了多少的自然现象和事物，走入社会认识了哪些社会部门，结交了哪些社会人员，与学生（社会人员）进行了什么样的合作和交往等。在自我反思中不断发展自我，形成自己的生活习惯和方式。

2. 关注活动过程：过程决定结果，主要评价体现在：学生参与态度是否积极主动，还是被动应付、勉勉强强；是否完成自己的任务，与同伴积极合作和探究效果如何；是否能提出一些自己的主见、设想和建议；是否能收集、整理、分析资料，形成结论或报告；能否反思出自己活动过程中的缺陷和不足，写出自己的体会等。

3. 关注活动结果：对结果的评价可允许多种多样的形式，但总的来讲要看到学生的多元特点，尽量发掘学生的潜能和闪光点，不能忽略学生的"奇思怪想"

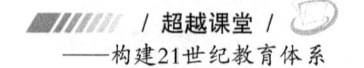

和"歪点子",不要伤害学生的自尊心和人格,保持其兴趣继续开展活动,体验综合实践活动开展的愉悦。

4. 关注教师的指导:综合实践活动的成功开展和有所作为,少不了教师的指导。对指导教师的评价主要体现在:实践活动的设计是否合理和可行;组织是否有号召力;团队成员是否有合作与沟通;活动指导是否有效和亲历亲为;活动评价是否客观和公正;是否能形成自己的反思,促进进一步发展等。

按要求书写活动评价,参考活动过程从开始到结束,先自评,然后同学们互评,最后教师评价,并最终形成全面的评价结果。

回到课堂——物理情景建模分析

前言

  2017 版《普通高中物理课程标准》指出了"知识"与"发展"的差别。有些学生掌握的知识很好，但是心智发展上却处于低水平。"知识"与"发展"是有鸿沟的，不能认为知识量增多就会自然而然地成为水平高发展的人。《普通高中物理课程标准》的制订着重于课程的系统性，强调要为全体学生的发展和国民科学素养提升而设计课程。要解决"发展"的问题，极其重要的一点就是提高学生的求学自信，培育他们的求知欲，优化他们的心理品质。

  借助物理情景问题，让学生自主模拟实验，找寻解决问题的方法，使学生核心素养培育获得实效。物理情景问题可以让学生回到发现问题、提出解决方案的学习方式中。本书列举物理学情景 28 个模型，从发现问题出发，让学生进行自主实验并找寻解决问题所需要的因素，思考与讨论解决问题的方法，最后在相关领域自主学习科学知识。这一部分是高中生解决物理问题入门思维的训练手册，是让高中生喜欢科学的心灵营养液，也可以当作高一教学的科学思维训练培养书籍。

回到课堂
——物理情景建模分析

一、简单结构

阿基米德曾经说过:"给我一个支点,我就能撬起整个地球。"多狂放的诗歌,多疯狂的表白,科学家就是这么有情怀的人。

公元前212年,古罗马军队入侵叙拉古,阿基米德被罗马士兵杀死,终年七十五岁。对于阿基米德之死,最为惋惜的就是罗马军队的统帅马塞拉斯,马塞拉斯将杀死阿基米德的士兵当作杀人犯予以处决,他为阿基米德举行了隆重的葬礼,并为阿基米德修建了一座陵墓,在墓碑上根据阿基米德生前的遗愿,刻上了"圆柱内切球"这一几何图形。

高中力学应用在生活中的例子,可以从简单结构开始。通过简单结构,我们进行受力分析,感受力的作用与效果,学习分解与合成力。墨子说:"士虽有学,而行为本焉。"学生缺乏实践的机会,难以做到学以致用。我们在实践中发现,可以将知识点和教学目标恰到好处地融入一个个具体的项目中,学生通过亲手完成具体项目来解决实际问题,建构属于自己的知识体系。让每个学生都参与其中、相互合作、动手动脑,展示自己的才华,感受解决问题的喜悦,体现解决问题的魅力。

模型一：三角形结构

千斤顶

在我们的生活中，千斤顶发挥了很大作用，如图所示是剪式千斤顶，当摇动把手时，螺纹轴就能迫使千斤顶的两臂靠拢，从而将汽车顶起。继续摇动把手，可将汽车顶得更高。

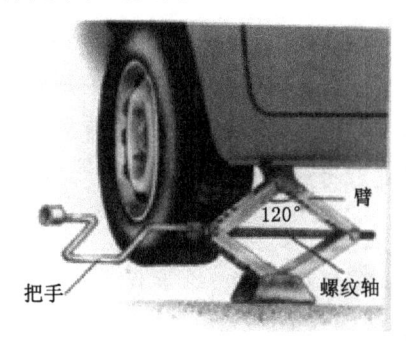

• **实验**

在进行演算前，最好人体模拟一下这一结构，从手臂打开到平行举起重物，感受手臂受力的变化。如果感觉不明显，说明你平时有运动，可以用压力传感器放在手心，在重物上升时读出数据进行验证。

• **思考与讨论**

1. 抽象表征

1.1 将千斤顶看成三角形支架；

1.2 将汽车看成质点；

1.3 千斤顶缓慢升高处于平衡态。

2. 赋值表征

2.1 设千斤顶受到的压力为 F；

2.2 设千斤顶沿两臂受到的压力为 $F_1 = F_2$（对称关系）；

2.3 设千斤顶两臂夹角为 2θ。

3. 图象表征

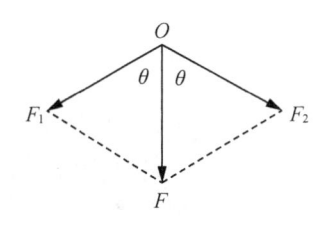

4. 方法表征

4.1 分析法：采用矢量的合成与分解方法，分析千斤顶的受力情况；

4.2 分解法：将千斤顶的压力 F 分解，分析两臂的两个分力 $F_1=F_2$。

5. 物理表征

由 $2F_1\cos\theta=F$，得 $F_1=\dfrac{F}{2\cos\theta}$。分析可知，$F$ 不变，当 θ 减小时，$\cos\theta$ 增大，F_1 减小。千斤顶升得越高，两螺距越近，两臂力小了就越省力。

• 科学漫步

常用的千斤顶有螺旋千斤顶、液压千斤顶、电动千斤顶等。螺旋千斤顶通过往复扳动手柄，拔爪即推动棘轮间隙回转，小伞齿轮带动大伞齿轮，使举重螺杆旋转，从而使升降套筒起升或下降，达到起重拉力的功能，但其不如液压千斤顶简易。[1]

| 螺旋千斤顶 |  液压千斤顶 |  电动千斤顶 |

参考文献：

[1] 上海市城乡建设和管理委员会人才服务考核评价中心. 施工员（设备安装）岗位知识和专业技能[M]. 上海：上海科学技术出版社，2016.

木楔

明朝谢肇淛的《五杂组》中记载："明姑苏虎丘寺塔倾侧，议欲正之，非万缗不可。一游僧见之曰：无烦也，我能正之。"游僧每天将木楔从塔身倾斜一侧的砖缝间敲进去，经月余扶正了塔身。假设所用的木楔为等腰三角形，θ 做成大的角度、还是做成小的角度比较省力？

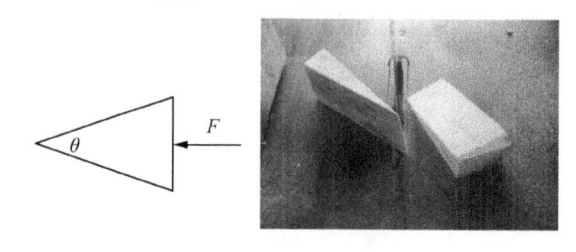

● **实验**

利用废弃的木块做一个木楔，同时对比木楔与一字螺丝刀的用途。

● **思考与讨论**

1. 抽象表征

1.1 将木楔看成三角形支架；

1.2 木楔受力处于平衡态。

2. 赋值表征

2.1 设木楔受到的压力为 F；

2.2 由于木楔处于平衡状态，所以 F 沿两侧分解的分力是相等的，$F_1=F_2$（对称关系）。

3. 图像表征

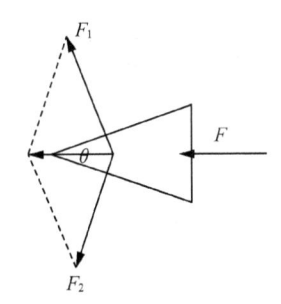

4. 方法表征

4.1 分析法：采用矢量的合成与分解方法，分析木楔的受力情况；

4.2 分解法：将对木楔的压力 F 分解，沿两侧的两个分力 $F_1=F_2$。

5. 物理表征

$$F=F_1\cos\left(90°-\frac{\theta}{2}\right)+F_2\cos\left(90°-\frac{\theta}{2}\right)=2F_1\cos\left(90°-\frac{\theta}{2}\right)=2F_1\sin\frac{\theta}{2},$$

所以：$F_1=\dfrac{F}{2\sin\dfrac{\theta}{2}}$。

由公式可知，当 F 一定时，θ 角度小时 F_1 大，即 θ 角做成小的角度比较省力。

● **科学漫步**

木楔常用于孔洞堵漏，可直接将木楔打入渗漏的孔洞，其也可用于木地板等平整度的调节，或打入混凝土、砖砌体等处，便于螺丝钉等的固定。如工程施工中窗框等的临时固定等。[2]

参考文献:

[2] 百度百科. 木楔. https://baike.baidu.com/item/%E6%9C%A8%E6%A5%94/8275094?fr=aladdin.

模型二:挂件模型

桥梁

  人们游览长江风光,沿途千姿百态的长江大桥便是一道靓丽的风景线。万里长江,从宜宾到上海,已建有多座长江大桥,细数起来可以发现,斜拉桥独占半数以上。斜拉桥具有跨越能力大、适应性强、刚度大、抗风性能好,经济美观等特点,构成了其内在的魅力气质,这也是长江上大量选用斜拉桥的根本原因。2018年10月23日,港珠澳跨海大桥正式通车。为保持以往的船行习惯,在航道处建造了单面索(所有钢索均处在同一竖直面内)斜拉桥,其索塔与钢索如图所示。请试分析两侧钢索的分布关系。

- **实验**

  制作一个斜拉桥模型,改变钢索的数量与长度,看其是否能够维持平衡。

● **思考与讨论**

1. 抽象表征

1.1 将斜拉桥看成挂件模型；

1.2 桥梁属于平衡状态。

2. 赋值表征

2.1 设钢索 AC、AB 的拉力为 F_{AC}、F_{AB}；

2.2 设钢索 AC、AB 与索塔的夹角分别为 α、β。

3. 图像表征

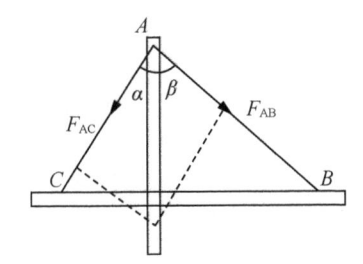

4. 方法表征

4.1 分析法：采用矢量的合成与分解方法，分析钢索和索塔的受力情况；

4.2 合成法：对索塔的拉力 F_{AC}、F_{AB} 进行分析，合成压力 F_2。

5. 物理表征

5.1 对桥身进行受力分析可知，钢索对桥身拉力的合力与桥身的重力大小相等、方向相反，则钢索在索塔向下的压力数值上等于桥身的重力，即增加钢索的数量，钢索对索塔的压力大小恒定不变。

5.2 合力一定，分力间的夹角越小，则分力越小。为了减小钢索承受的拉力，应该增大索塔的高度，达到减小钢索间夹角的目的。

5.3 将钢索 AC、AB 的拉力 F_{AC}、F_{AB} 进行合成，合力竖直向下，结合正弦定理可知：$\dfrac{F_{AB}}{\sin\alpha}=\dfrac{F_{AC}}{\sin\beta}$，得 $F_{AC}：F_{AB}=\sin\beta：\sin\alpha$，故索塔两侧的钢索不必对称分布。

● **科学漫步**

桥承受的主要荷载并非它上面的汽车或者火车，而是其自重，主要是主梁。以一个索塔为例，索塔的两侧是对称的斜拉索，通过斜拉索将索塔主梁连接在一起。梁桥(Beam Bridge)是以受弯为主的主梁作为承重构件的桥梁，主梁可以是实腹梁或桁架梁。实腹梁构造简单，制造、架设和维修均较方便，广泛用于中、小跨度桥梁,但其在材料利用上不够经济。同学们如果对桥的结构感兴趣,可以继续了解更多桥的种类。

斜拉桥

梁桥

悬索桥

拱形桥

引体向上

引体向上是中学生正常开展的一项体育活动。如图所示为某同学在单杠上处于静止的情形,两手臂对称抓拉,请分析该同学双手握杠产生的距离多少时比较省力。

● **实验**

尝试不同的双手握杠距离,感受怎样受力比较轻松。

● **思考与讨论**

1. 抽象表征

1.1 将引体向上运动看成挂件模型;

1.2 人体缓慢上升处于平衡态。

2. 赋值表征

2.1 设单手的拉力为 T;

2.2 设双手夹角分别为 θ;

2.3 设单手受到的摩擦力为 f。

3. 图像表征

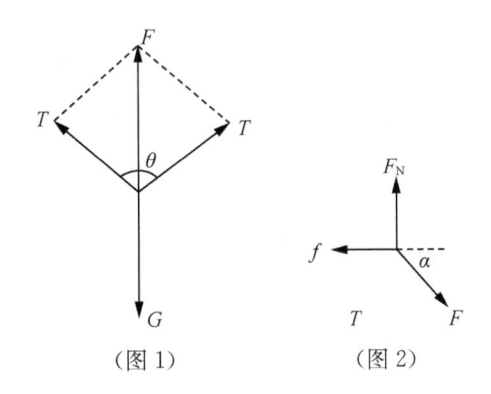

（图1） （图2）

4. 方法表征

4.1 分析法:采用矢量的合成与分解方法,分析手的受力情况;

4.2 分解法:手的拉力可以分解为与摩擦力 f 和支持力 F_N 抵消的分力;

4.3 合成法:双手受到的合力将始终等于人所受的重力。

5. 物理表征

5.1 将人所受的重力按照效果进行分解(图1),由于大小方向确定的一个力分解为两个等大的力时,合力在分力的角平分线上,且两分力的夹角越大,分力越大,即运动员两手臂间的距离越大,夹角越大,越费力。

5.2 以左手为研究对象,受力图如图2所示。

竖直方向: $F_N = T\sin\alpha$ ①

水平方向: $T\cos\alpha = f$ ②

由①②得: $f = F_N \cos\alpha$,α 增大时,f 变小。

综上所述,初学者选择中握距,也就是握距和肩同宽,新手在这种握距下可以更加容易做起引体向上。

• **科学漫步**

宽握引体向上——如果特别想要强壮的背部肌肉和超大的背阔肌，那么这是一个很好的开始。在做动作的时候，宽握能够把更多的压力集中在背阔肌上，它与高位下拉的肌肉运动方式相似。对于引体向上，很多人认为是锻炼手臂力量的运动，其实远远不止如此，手臂肌肉仅仅提供了直接动力，在做引体向上的时候，胸肌、背肌，甚至腹肌等多块上身肌肉都会有联动作用，同步实现拉伸与压缩。引体向上对这些肌肉都有着很好的锻炼作用，经常做引体向上对塑造优美的上半身是很有益处的。

模型三：摩擦自锁问题

拖把

拖把是由拖杆和拖把头构成的擦地工具（如图）。我们在劳动中曾经遇到的一种情况，就是不管沿拖杆方向的推力多大，都不可能使拖把从静止到开始运动。同学们试分析其产生的原因。

• **实验**

通过劳动，我们认识到使用拖把时拖杆不能立得太直。另外可以找一找临界点，试验是否不管使用多大的推力，我们都不可能使拖把从静止到开始运动。同时想办法量一下拖杆与竖直方向的角度。

● **思考与讨论**

1. 抽象表征

1.1 将拖把看成摩擦自锁模型；

1.2 推不动拖把属于平衡问题。

2. 赋值表征

2.1 设拖把头的质量为 m，拖杆质量可以忽略不计；

2.2 拖把头与地板之间的动摩擦因数为常数 μ，重力加速度为 g；

2.3 某同学用该拖把在水平地板上拖地时，沿拖杆方向推拖把，拖杆与竖直方向的夹角为 θ。

3. 图像表征

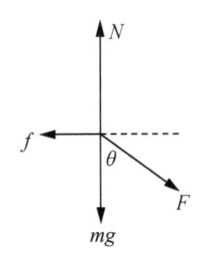

4. 方法表征

4.1 分析法：采用矢量的合成与分解方法，分析拖把头的受力情况；

4.2 分解法：不管沿拖杆方向的推力多大，都不可能使拖把从静止到开始运动，此时推力在水平方向上的分力始终小于摩擦力，根据数学关系求出临界角的关系。

5. 物理表征

设该同学沿拖杆方向用大小为 F 的力推动拖把，将推拖把的力沿竖直和水平方向分解，按平衡条件有：

$F\cos\theta + mg = N$ … ①

$F\sin\theta = f$ … ②

若不管沿拖杆方向用多大的力都不能使拖把从静止到开始运动，

应有：$F\sin\theta \leqslant \mu N$ ③

即 $F\sin\theta \leqslant \mu(F\cos\theta + mg)$，

临界值 $F = \dfrac{\mu}{\sin\theta - \mu\cos\theta}mg$，当 $\sin\theta - \mu\cos\theta = 0$ 时，F 趋于无穷大，

得：$\tan\theta \leqslant \mu$，不管沿拖杆方向用多大的力，都不能使拖把从静止到开始运动。

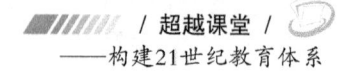

•科学漫步

平板拖把

平板拖把的拖布材质一般是精梳棉纱线加上超细纤维,因此拖把头的吸水率强且更加耐用。拖把杆一般采用不锈钢制作,承载力更强。另外,平板拖把独特的平面优势,决定了它受力面积大、清洁效率高。平板拖把的清洗工作也十分简单,不用弯腰,轻松就可以甩干水分。

除尘纸拖把

除尘纸拖把利用不织布摩擦产生静电来吸附毛发,清洁时不会灰尘满天飞,脏了后直接换新的不织布,省却了清洗的麻烦。但是除尘纸拖把的缺点是不能除纸屑、颗粒等这类垃圾,而且使用时需要经常更换不织布。

同学们判断一下,看看下面哪一款属于除尘纸拖把。

模型四:动态平衡中力的变化模型

渔网

不少同学见过海边的这种捕鱼网,其轻杆一端用光滑铰链固定于岸边的石块上;另一端挂一渔网。如图所示,现人将细绳缓慢往左拉,则在此过程中,拉力怎么变化?

● **实验**

生活在海边的同学可以去看一看这种捕鱼方式,如果方便可以亲自尝试拉拉网,看看力量的变化。也可以制造这个结构进行实验,一个筷子、一条绳子和一个重物(比如小铁球)就可以完成了。

● **思考与讨论**

1. 抽象表征
1.1 整个装置处于动态平衡状态;
1.2 根据平衡条件,运用三角形相似法;
1.3 整个装置缓慢升高,处于平衡态。
2. 赋值表征
2.1 设细绳跨过杆顶 A 处的光滑小滑轮,用力 F 拉住;
2.2 设物体的重力为 F_1;
2.3 设 BO 与杆 AO 间的夹角为 θ;
2.4 忽略杆的自身重量,其长度为 L。
3. 图像表征

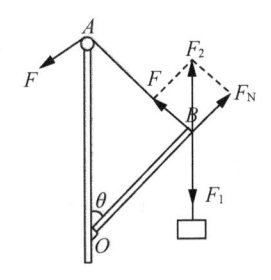

4. 方法表征
4.1 分析法:采用矢量的合成与分解法,分析 B 点受力情况;
4.2 合成法:将拉力 F 和杆对 B 点的支持力 F_N 合成 F_2。
5. 物理表征

作出力 F_N 与 F 的合力 F_2,根据平衡条件得知,$F_2=F_1=G$。由 $\triangle F_2 F_N B \backsim$ $\triangle ABO$ 得:$\dfrac{F_N}{F_2}=\dfrac{L}{AO}$,

得到 $F_N=\dfrac{L}{AO}G$,式中,L、AO、G 不变,则 F_N 保持不变。

同理:$\dfrac{F}{F_2}=\dfrac{L}{AO}$,得到 $F=\dfrac{L}{AO}G$,式中,AO、G 不变,但是 L 逐渐减小,所以 F 逐渐减小,最后我们拉网的力逐渐变小。

• 科学漫步

捕鱼网

大搬罾网的渔获是比较惊人的,一般适合在岸边和鱼多的地方进行。一个小时可以轻松捕获 10 多斤鱼,而且是随时随地都可以进行的。把网放入水中,只要有鱼进来就可以拿起来,体现非常惊人的捕鱼速度。古代人使用粗布加上麻作为原料,通过捆卷的方法制成渔网。虽然这种渔网易腐烂,坚韧度差,但是其捕鱼效率已经大大提高。随着渔业的发展,渔猎的对象不只是鱼,捕捞的工具也与时俱进。现代渔网主要采用聚乙烯、尼龙等原料进行加工,具有更长的使用周期和更高的捕捞效率。

晾衣架

生活中,我们经常看到"人"字形的晾衣架,其两边为承重的轻杆,我们打开晾衣架时承重杆可自由转动,通过上面"铰链"连接,可自由转动,一边的承重杆长度可调节。现将衣服挂于中间,保持一支承重杆不动,调节可调承重杆的长度并沿地面缓慢张开支架,分析角度变大的过程中,两边承重杆的受力情况如何变化?

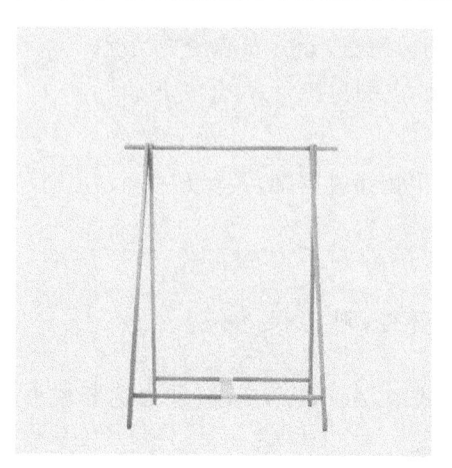

• 实验

去商场找一找这种晾衣架实物,找来几个木条,尝试做一做以上两种模型的晾衣架。

• 思考与讨论

1. 抽象表征

1.1 整个装置处于动态平衡状态;

1.2 整个装置缓慢升高处于平衡态。

2. 赋值表征

2.1 设 OA、OB 为承重的轻杆,AOB 始终在竖直平面内;

2.2 设 OB 的长度可调节,保持 OA 不动;

2.3 设 OA 杆所受作用力大小为 F_1,OB 杆所受的作用力大小为 F_2。

3. 图像表征

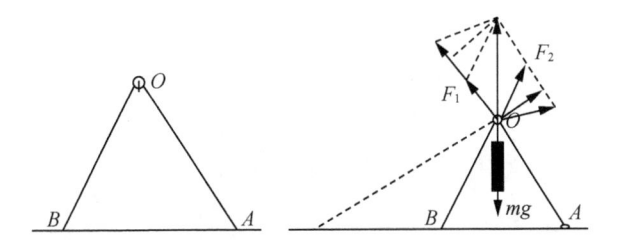

4. 方法表征

4.1 分析法:以 O 点为研究对象进行受力分析;

4.2 矢量三角形法:利用矢量三角形方法作出各力的变化情况。

5. 物理表征

以 O 点为研究对象进行受力分析,受到细线的拉力(等于衣服的重力)、OA 和 OB 杆的支持力,如上图所示。

作出 OB 杆的支持力与细线拉力的合力,与 OA 杆的支持力反向,当 OB 杆向外移动而 OA 杆位置不变时,利用矢量三角形方法作出各力的变化情况。由上图可知,F_1 逐渐增大、F_2 先减小再增大,当 OB 与 OA 相互垂直时,F_2 最小。

• 科学漫步

防风晾衣架

通常我们在天台或空旷地方晾晒被子最担心的就是被子被风吹倒,目前市面上有一种很实用的防风晾衣架,其原理就是增加了加固伸缩横杆和多了四只脚。大家可以看看在晾衣架哪些地方可进行加固?

没配防风支架
一吹就倒

自带4个防风支架
无惧狂风，屹立不倒

模型五：多体平衡

节日灯笼

一串（五只）小灯笼彼此用轻绳连接，并悬挂在空中。在稳定水平风力的作用下发生倾斜，能否求出某只灯笼对其下只灯笼的拉力大小吗？

- 实验

灯笼是节日必备的装饰品，同学们可以买来小灯笼装饰一下自己的书桌、房间等，别有一番中国风韵。

- 思考与讨论

1. 抽象表征

1.1 整个装置属于连接体模型；

1.2 整个装置风吹稳定时处于瞬间平衡态。

2. 赋值表征

2.1 设悬绳与竖直方向的夹角为 $30°$；

2.2 设每个灯笼的质量均为 m；

2.3 设绳子间的拉力为 T，风力为 F。

3. 图像表征

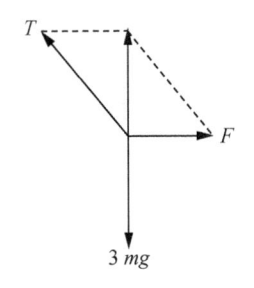

$$T \quad \nearrow \quad F$$
$$\downarrow 3mg$$

4. 方法表征

4.1 整体分析法：以下面三个灯笼为研究对象，进行整体受力分析；

4.2 合成法：把风力和绳子的力合成，刚好等于 $3mg$。

5. 物理表征

求第二只灯笼对第三只灯笼的拉力。可以采用整体法，以下面三个灯笼作为整体为研究对象，进行受力分析。

竖直方向：$T\cos30° = 3mg$，

得：$T = \dfrac{3mg}{\cos30°} = 2\sqrt{3}mg$。

• 科学漫步

中国风红灯笼

制作精美的红灯笼现在风行全国，鸡年农历春节，上海东方明珠电视塔广场，曾悬挂近百只大红灯笼，与明珠塔相映成景。国庆节，贵阳市一住宅小区的居民，用 30 万个红灯笼组成长廊，将小区内外装扮得喜气洋洋，增添了浓郁的节日气氛。

大红灯笼作为一种传统的民间工艺品，至今仍在中华大地上广泛使用着。在中华民族悠久的历史中，其扮演着不可替代的角色，象征着中华民族灿烂的文

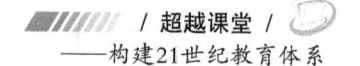

化,也是我国非物质文化遗产的一部分。

在中国人眼中,红灯笼象征着阖家团圆、事业兴旺、红红火火;象征着幸福、光明、活力、圆满与富贵,所以人人都喜欢它。在海外华人聚居的地区,比如唐人街,一年四季都悬挂着大红灯笼。这种传统,渗透着中华民族特有的、丰富的文化底蕴。红灯笼俨然成了中国文化的符号。

搬运砖块

工地上常用夹钳搬运砖块。已知砖块均为规格相同的长方体,搬运7块砖时,夹钳对砖块竖直一侧壁施加的压力大小至少应为多少?

• **实验**

现在很多人都说自己的工资还不如在工地上搬砖的工人,工地上的搬砖工人一天收入都是好几百块的,月薪上万都不在话下。其实说搬砖工月薪上万是有点夸张了,真实的情况并非如此。如果是临时工的话,一般是按照砖的数量来算费用的,日薪可能会高一些。搬动一块砖假如按照4分钱标准计算,也就是说将一万块砖搬好的话,搬运工可以拿到400块钱。当然这只是临时工,并非天天都有这样的活干的,所以工钱才能给得高一些。一个人搬好一万块砖,这个工作量是非常大的,基本上天亮就得起来搬了,从早搬到晚才能够干完,是很辛苦的,这个钱非常不好挣。有同学想试一试吗?

• **思考与讨论**

1. 抽象表征

1.1 整个装置属于多体平衡模型;

1.2 整个装置搬动缓慢时处于平衡态。

2. 赋值表征

2.1 设砖块均为规格相同的长方体,每块质量为 m;

2.2 设夹钳与砖块之间的动摩擦因数为 μ_1,砖块之间的动摩擦因数为 μ_2;

2.3 设最大静摩擦力近似等于滑动摩擦力;

2.4　设夹钳对砖块竖直一侧壁施加的压力为 N_1，外侧砖对内侧砖压力为 N_2。

3. 图像表征

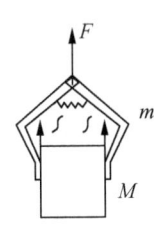

4. 方法表征

4.1　整体分析法：分别以 7 块砖为研究对象，以中间 5 块砖为整体进行分析，平衡时求出总的摩擦力，再根据摩擦力计算公式求解压力是多少；

4.2　比较法：将求解得到的压力进行比较即可。

5. 物理表征

以 7 块砖为研究对象，其平衡时两侧总的摩擦力 $f_1 = 7mg$；

夹钳对砖块竖直一侧壁施加的压力为 N_1，根据摩擦力计算公式可得：$f_1 = 2\mu_1 N_1$；

以中间 5 块砖为研究对象，其平衡时两侧总的摩擦力 $f_2 = 5mg$，压力为 N_2，根据摩擦力计算公式可得：$f_2 = 2\mu_2 N_2$；

比较 N_1 和 N_2 大小，夹钳对砖块竖直一侧壁施加的压力大小至少应为较大的压力 N。

• 科学漫步

"搬砖"动力机器人

美国波士顿动力公司推出能"搬砖"的新型机器人 Handle。对比其他机器人，其更加实用，也要强很多！Handle 自带吸盘的机械臂一次能搬运最多 15 kg 的货物，配合机载视觉系统，可堆叠箱子深至 1.2 米，高至 1.7 米。在工作质量方面，Handle 一点也不输人类，箱子摆放得整整齐齐。其勤勤恳恳的样子，相比人类要更加深得老板喜欢。

模型六：平衡中的极值和临界问题

破冰船——"雪龙号"

2019年10月15日，我国"雪龙2"号破冰船从深圳启航并首航南极，与"雪龙"号破冰船一起展开"双龙探极"。"雪龙2"号破冰船在破冰时必须把冰块压到船下，为满足破冰航行的要求，其船体结构经过特殊设计，船体下部与竖直方向呈特殊角度。船体对冰块的弹力如下图所示。如果碎冰块挤在冰层和船体之间，船体受到巨大的侧向压力可能造成自身解体，那么船舷与竖直线的夹角与冰块和船舷的动摩擦因数必须满足什么样的关系，船体才能安全？

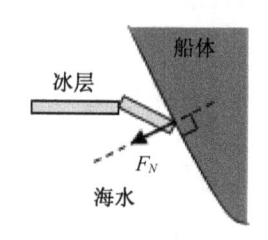

- 实验

同学们可以在冰箱冷冻一塑料盒的冰块，拿出放置一小时，打碎后用一艘玩具船或小一点木块感受船体前行的困难。

- 思考与讨论

1. 抽象表征

1.1 船体安全属于平衡中的极值和临界问题；

1.2 利用瞬间平衡态分析。

2. 赋值表征

2.1 设冰块受力，简化为受到的水平力为 F；

2.2 设船舷的弹力为 N,摩擦力为 f;

2.3 设冰块和船舷的动摩擦因数为 μ;

2.4 设船舷与竖直线的夹角 θ。

3. 图像表征

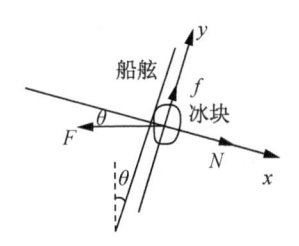

4. 方法表征

4.1 分析法:以碎冰块为研究对象,进行受力分析;

4.2 分解法:把碎冰块受到的冰层水平压力进行分解。

5. 物理表征

以冰块为研究对象,建立如上图所示的坐标系,根据平衡条件可得:

压力为:$N=F\cos\theta$;

滑动摩擦力为:$f=\mu N=\mu F\cos\theta$。

由于"雪龙 2"号破冰船在破冰行驶时必须把冰块压到船下,则有:$f<F\sin\theta$,

解得:$\mu<\tan\theta$。

• 科学漫步

破冰船的特点

破冰船船体结构特别坚实,船壳钢板比一般船舶厚得多;船宽体胖上身小,便于在冰层中开出较宽的航道;船身短,普通运输船的长与宽之比,大约是 7:1 到 9:1,破冰船约是 4:1 到 6:1。进退和变换方向灵活,操纵性好;吃水深,可以破碎较厚的冰层;船舷为折线型,使艏柱与水平线成 20~35 度角,船头可以"爬"到冰面上;水舱大,分布在船艏、船尾和船腹两侧,当船被冰层困住时,可通过两侧水舱中水的驳运,使船舶横摇压碎冰层;马力大,破冰船的装船功率并不是按照其航速来配置,而是按照冰区规范的要求配置并有很大的冗余。

破冰船破冰破到正酣时,被冰层卡住的情况也时有发生。据悉,欧洲的某个破冰船开到北冰洋,就因为冰层太厚,导致船升到了冰面之上,冰层并不破裂,只是往下沉陷,破冰船搁浅在冰上,两舷悬空,即使开足马力,也不得动弹。

这时候,就要靠酷炫的"摇摆式"破冰法了。为了使破冰船能够自己摇摆,在船中部沿着两舷设置了摇摆水舱,摇摆水舱一方面可储藏锅炉用水和食用淡水;另一方面在舷部受到损伤时,可以保护船体不漏水(即保证不沉性)。其第三个作用就是帮助破冰船解脱困境。当破冰船被冰夹住后,只要很快地将一舷的水舱充满,船就侧向一边;相反将水又抽入另一舷的水舱,船又倒向相反的一边。这样来回抽水,破冰船就左右摇摆,再开足马力,船就不难退出冰面了。
(作者署名:江南造船)

铁塔间输电线

雪灾天气造成输电线被厚厚的冰层包裹,使相邻两个铁塔间的拉力大大增加,导致铁塔被拉倒、压塌。电力设施严重损毁,给群众的生产生活造成了极大不便和损失。输电线被冰层包裹后,输电线在最高点、最低点所受的拉力大小分别为多少?输电线至少承受多大的力才不会被拉断?

● **实验**

2008年初,中国南方地区遭受的雪灾给中国南方电网有限责任公司带来了总计约200亿元人民币的损失。输电线结冰,若不及时清理就会压垮电线。有什么方法让输电线化冰容易?可以采用什么样的力学结构让输电线更牢固?

• **思考与讨论**

1. 抽象表征

1.1 输电线安全属于平衡中的极值和临界问题；

1.2 利用平衡状态分析问题。

2. 赋值表征

2.1 设相邻铁塔间输电线的长度为 L，其单位长度的质量为 m_0；

2.2 设输电线顶端的切线与竖直方向成 θ 角；

2.3 设冰的密度为 ρ，冰层均匀包裹在输电线上，且冰层的横截面为圆形，其半径为 R（输电线的半径可忽略）。

3. 图像表征

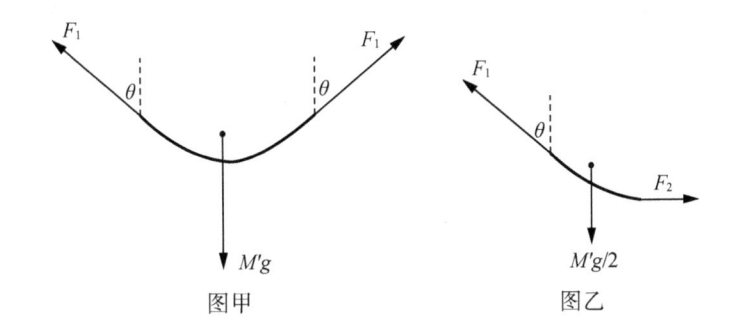

图甲　　　　　图乙

4. 方法表征

4.1 分析法：分别对导线最高点及最低点进行受力分析，由共点力的平衡可得出导线受到的拉力。注意在最高点时选取整根导线分析，而最低点时只选取一半导线进行分析；

4.2 分解法：应用共点力的平衡求解。

5. 物理表征

输电线冰层的体积 $V_{冰} = \pi R^2 L$

输电线与冰层的总质量 $M' = m_0 L + \pi \rho R^2 L g$，输电线受力如图甲所示；

由共点力的平衡条件，得 $2F_1 \cos\theta = m_0 L + \pi \rho R^2 L g$；

输电线在最高点所受的拉力 $F_1 = \dfrac{m_0 + \pi \rho R^2}{2\cos\theta} L g$。

半根输电线的受力如图乙所示。

由共点力的平衡条件，得 $F_2 = F_1 \sin\theta$；

输电线在最低点所受的拉力 $F_2 = L g \tan\theta$。即输电线的承受力至少为 F_1，输

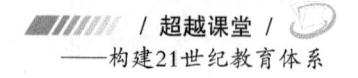

电线才不会断。

• 科学漫步

南方雪灾

2008年中国南方雪灾是指自 2008 年 1 月 3 日起在中国发生的大范围低温、雨雪、冰冻等自然灾害。中国的上海、江苏、浙江、安徽、江西、河南、湖北、湖南、广东、广西、重庆、四川、贵州、云南、陕西、甘肃、青海、宁夏、新疆等 20 个省（区、市）均不同程度受到低温、雨雪、冰冻等灾害影响。截至 2008 年 2 月 24 日，因灾死亡 129 人，失踪 4 人，紧急转移安置 166 万人；农作物受灾面积 1.78 亿亩，成灾 8 764 万亩，绝收 2 536 万亩；倒塌房屋 48.5 万间，损坏房屋 168.6 万间；因灾直接经济损失 1 516.5 亿元人民币。森林受损面积近 2.79 亿亩，3 万只国家重点保护野生动物在雪灾中冻死或冻伤；受灾人口超过 1 亿。由于高压输电线和铁塔上堆积了大量冰块，部分强度不大的铁塔被压垮，从而导致大批铁塔相继倒塌，造成大面积停电。

┌─────────────────────┐
│ 回到课堂   │
│ ——物理情景建模分析 │
└─────────────────────┘

二、直线运动

我坚信:创造的热情将永不熄灭。卡尔·弗里德里希·本茨(Karl Friedrich Benz,1844年11月25日—1929年4月4日),德国人,发明家,德国著名的戴姆勒-奔驰汽车公司的创始人之一(他和戴姆勒各自独立发明了汽车),现代汽车工业的先驱者之一,汽车的发明者,人称"汽车之父""汽车鼻祖"。

模型一:行车安全

雾天行驶

高速公路给人们带来极大方便,但由于在高速公路上行驶的汽车速度很快,雾天曾出现几十辆车追尾相撞的事故,造成极大的人身伤害和财产损失。请分析在雾天汽车行驶的最大安全速度。

●实验

大雾天,我们可以试着在操场进行自行车匀速前行,同时在自行车前面百米的地方放置一个障碍物。另一同学用秒表记录从看见障碍物到自行车最终停下来的时间,对比晴朗天气的时间,感受雾天的安全速度。

●思考与讨论

1. 抽象表征

1.1 将汽车的安全速度看成追及问题;

1.2 将汽车看成质点。

2. 赋值表征

2.1 设汽车行驶的最大速度为 v_m;

2.2 设雾天的能见度(即观察者与能看见的最远目标间的距离)为 s;

2.3 设汽车紧急制动的最大加速度大小为 a;

2.4 设制动时司机的反应时间(即司机发现状况到踩下刹车的时间,该时间内汽车仍然匀速运动)为 t_1;

2.5 设反应时间内作匀速直线运动,位移为 x_1;

2.6 设汽车制动后作匀减速直线运动,刹车后位移为 x_2。

3. 图像表征

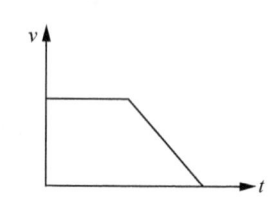

4. 方法表征

4.1 分析法:采用"一图三个关系"分析整个过程;

4.2 演绎推理法:推理情景的演化过程。

5. 物理表征

反应时间内作匀速直线运动,位移为:$x_1 = v_m t_1$;

汽车制动后作匀减速直线运动,刹车后位移为:$x_2 = \dfrac{0 - v_m^2}{2a}$。

6. 数学表征

当 $x_1 + x_2 = s$,汽车刚好避免与前面障碍物相撞,联立方程即获得最大安全速度。

• **科学漫步**

雾天行驶安全

天气渐凉,雾霾逐渐多发,对于驾驶者来说,雾天行车,视距缩短,能见度降低,视线模糊,难以看清道路上的各种情况。看不见、常追尾、易拥堵……雾霾天开车,"真心伤不起"啊!

安全驾驶,使用近光灯,许多车主按照惯性思维,认为远光灯嘛,肯定照得远。可雾天恰好相反,要使用近光灯。因为远光灯向上方照,光线被雾气漫反射,会在车前形成白茫茫一片,车主眼中除了"白"还是"白"。

雾天驾驶要打开大灯和雾灯,雾天能见度小于 1 千米时,最好把车上的雾灯、示宽灯、双闪灯等各种灯光都打开(除了远光灯),以此来提醒前后车辆注意避让。

控制车速、调整车距,能见度小于 50 米时,开启雾灯、近光灯、示廓灯、前后位灯和危险报警闪光灯,车速不得超过每小时 20 千米,并从最近的出口尽快驶离高速公路。

赛车

赛场上,法拉利赛车风驰电掣,突然发现正前方处有一辆保时捷赛车同方向冒烟匀速行驶,法拉利紧急刹车,刹车过程中刹车失灵(弱制动),请分析"小法"会撞上"小保"吗?

• **实验**

赛车是我们很喜欢的一项运动,同学们可以模拟两辆遥控汽车进行追及分析,判断严重事故发生的条件。

• **思考与讨论**

1. 抽象表征

1.1 把赛车看成追及问题;

1.2 将赛车看成质点。

2. 赋值表征

2.1 设法拉利赛车风驰电掣的速度为 v_1;

2.2　设法拉利赛车距保时捷赛车同方向距离为 s；

2.3　设保时捷同方向冒烟匀速行驶速度为 v_2；

2.4　设法拉利赛车驾驶员发现情况到实施刹车大约需要的反应时间为 t_1；

2.5　反应时间 t_1 内作匀速直线运动，位移为 x_1；

2.6　设法拉利赛车制动后作匀减速直线运动，时间为 t_2，加速度为 a_1，刹车后位移为 x_2；

2.7　设法拉利赛车制动后刹车失灵，此时速度为 v_3，作匀减速直线运动，时间为 t_3，加速度为 a_2，刹车后位移为 x_3；

2.8　设保时捷赛车全程运动位移为 x_4。

3. 图像表征

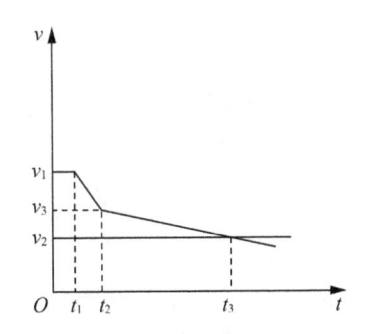

4. 方法表征

4.1　分析法：采用"一图三个关系"分析过程；

4.2　演绎推理法：推理情景的演化过程。

5. 物理表征

反应时间内车行驶的距离 $x_1 = v_1 t_1$；

刹车时间内车行驶的距离 $x_2 = \dfrac{v_3^2 - v_1^2}{2a_1}$；

制动后刹车失灵，车行驶的距离 $x_3 = \dfrac{v_2^2 - v_3^2}{2a_2}$。

6. 数学表征

当两车通过的位移之差等于 s 时，两车会发生追尾。根据速度-时间图像中，时间轴所围"面积"大小等于位移进行分析，当 $x_1 + x_2 + x_3 + s = x_4$ 时，此为最终临界情况，只要 t_3 时不追尾，那么就会安全，但不排除之前已经追尾了。

• 科学漫步

赛车手舒马赫

迈克尔·舒马赫（Michael Schumacher），1969 年 1 月 3 日出生于许尔特，德

国一级方程式赛车车手,现代最伟大的F1车手之一,在他头16年的职业生涯中,几乎刷新了每一项纪录。总共赢得7次总冠军,亦曾是唯一赢得总冠军的德国车手(后被德国车手塞巴斯蒂安·维特尔于2010年刷新)。迈克尔·舒马赫父亲为砖匠,也是一位卡丁车场的负责人,这种条件使他自幼即有机会从事卡丁车运动。母亲在卡丁车赛场周围经营一家快餐店,在父母和环境的影响下,舒马赫从小就喜欢赛车,在他6岁的时候就获得了家乡卡丁车比赛冠军。尽管家庭经济条件不富裕,但舒马赫的父亲仍然给他了足够的帮助,使舒马赫很早就得以展露才华。2013年12月29日,舒马赫在法国阿尔卑斯山区滑雪时发生事故,头部撞到岩石,严重受创。2018年12月,在遭遇滑雪事故5年后,车王舒马赫从昏迷中苏醒。目前语言交流尚存在困难,但情况已经有了非常大的改观,已经无须通过插管维持生命。

模型二：多过程分析

超速

如图所示为市区内的某个"十字"路口，路口装有"红、黄、绿"三种信号灯。行驶车辆在路口为了避免闯红灯，在信号灯由绿灯转黄灯时，驾驶员要采取刹车行动。试分析若有一辆车按限定速度行驶，在离路口停车线某处发现信号灯由绿灯转为黄灯，司机开始刹车，当车停止时，红灯还没有亮，司机又立即启动加速通过了对面的停车线。已知路口相对的停车线间的距离，则该车辆通过对面的停车线时是否超速？

● **实验**

超速，相当于拿生命开玩笑。模拟超速实验我们可以使用遥控汽车进行撞击橡皮泥的实验,采用控制变量法模拟正常的行驶、超载、超速等行为对橡皮泥的作用情况。

● **思考与讨论**

1. 抽象表征

1.1 分析汽车的多过程问题;

1.2 将汽车看成质点。

2. 赋值表征

2.1 设机动车在市区道路行驶的速度为 v;

2.2 设刹车时距路口相对的停车线间的距离为 s;

2.3 设刹车时车轮与路面的动摩擦因数为 μ;

2.4 设驾驶员发现情况到实施刹车大约需要的反应时间为 t_1;

2.5 反应时间内作匀速直线运动,位移为 x_1;

2.6 设汽车制动后作匀减速直线运动,刹车后位移为 x_2;

2.7 设汽车启动冲向对面停车线的牵引力为 F,加速度为 a;

2.8 设汽车冲向对面停车线的速度为 v_1。

3. 图像表征

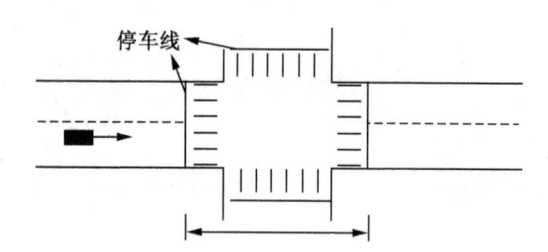

4. 方法表征

4.1 分析法:采用"一图三个关系"分析过程;

4.2 演绎推理法:推理情景的演化过程。

5. 物理表征

反应时间内车行驶的距离 $x_1 = vt$;

刹车时间内车行驶的距离 $x_2 = \dfrac{v^2}{2\mu g}$;

加速时加速度 $a = \dfrac{F - \mu mg}{m}$;

冲过对面停车线速度 $v_1^2 = 2ax_3$;

6. 数学表征

当 $x_1+x_2+x_3=s$ 时,汽车冲过对面停车线,联立方程获得速度 v_1,其与 v 对比可判断是否超速。

● **科学漫步**

超速行驶的危害

超速行驶时无法获取足够的道路信息。很多车主自认为自己的车技很好,几年车子开下来也都没有出现过任何的交通事故,因此自认为是老司机的他们开始追求"速度与激情"。但事实上,就算你的车技很好,超速行驶也存在很大的风险,车主在超速行驶状况下无法获取足够的道路信息。由于车速行驶过快,一路上途经的交通标志一闪而过,可能没等车主反应过来就已经错过了,如果遇到不熟悉的路段则更为危险。

超速行驶时司机视野狭窄。当车辆超速行驶时,车主前方视线会因此受到一定的影响,视野相比正常行驶的情况下更狭窄了。在自身行驶速度过快的情况下,车主无法判断周边那些变化较慢的事物。若此时前方突然出现其他车辆或障碍物,车主的视线范围会变狭窄,因此会措手不及导致危险发生。

超速行驶时司机对周边速度的判断力下降。当车主在道路上超速行驶时,车速普遍高于周边的车辆,因此当周边的车辆、非机动车或行人经过时,车主无法正确判断这些事物的行驶速度,当车主对速度误判时,很有可能撞上他们。

综上所述,这也就是为什么近年来有这么多交通事故都是因超速行驶而引起的,车主在超速行驶时已经无法正确判断各种正确信息了,最终导致事故的发生。

"凤凰"号探测器进入火星大气层的平均加速度

央视新闻曾经报道过美国的"凤凰"号火星探测器的新闻,"凤凰"号火星探测器搭乘一枚德尔诺2型火箭发射升空,历时10个多月走完漫长路程并到达火星上空。探测器进入火星大气层后,由降落伞带着探测器砸向火星表面,并在着陆前分离降落伞,打开缓冲火箭,探测器最后成功着陆于火星表面。结合这则新闻中提供的信息,试求探测器进入火星大气层到分离降落伞时的平均加速度大小。

● **实验**

组装一个带降落伞的铁球,估测其下落平均加速度,分析测算平均加速度的因素有哪些。

● **思考与讨论**

1. 抽象表征
1.1 将探测器和降落伞看成质点;
1.2 将质点的运动看成多过程运动;
1.3 将质点的运动看成近似匀加速直线运动。
2. 赋值表征
2.1 设探测器进入大气层的速度为 V_1;
2.2 设探测器分离降落伞的速度为 V_2;
2.3 设探测器进入大气层到分离降落伞的时间为 t。
3. 图像表征

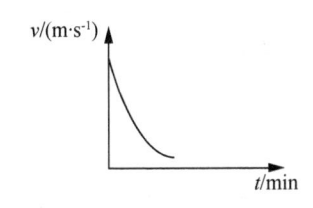

4. 方法表征
4.1 分析法:采用"一图三个关系"分析过程;
4.2 演绎推理法:推理情景的演化过程。

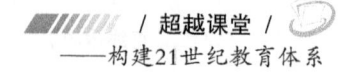

5. 物理表征

匀减速直线运动，$a = \dfrac{v_2^2 - v_1^2}{t}$。

6. 数学表征

由于加速度是矢量，所以先取正方向，取进入大气层时的速度方向为正，质点平均加速度为 $a = \dfrac{v_2^2 - v_1^2}{t}$。

• 科学漫步

凤凰号登陆火星的最后 14 分钟

腾讯科技讯 据美国宇航局网站报道，北京时间 2008 年 5 月 26 日 7 点 53 分（美国东部时间 5 月 25 日 19 点 53 分），美国宇航局"凤凰"号火星探测器将着陆火星表面北极地区，降落前的 14 分钟，将是决定凤凰号命运的关键时刻。其间探测器完成了进入火星大气层、逐渐降落并安全着陆的过程。

经过近 10 个月、超过 4 亿英里的旅程，25 日凤凰号火星探测器以 13 000 英里/小时速度逐渐接近火星表面。（准确时间：北京时间 5 月 26 日 7 点 38 分）

在"凤凰"号进入火星大气层之前，该探测器将与巡航火箭分离，该巡航火箭为"凤凰"号从地球向火星飞行提供了动力。此时，"凤凰"号将开始为期 90 秒的绕轴旋转并向前部署热挡板。（准确时间：北京时间 5 月 26 日 7 点 39 分）

在距离火星表面 78 英里处，"凤凰"号将开始进入火星大气层顶端，速度也相应降至 900 英里/小时，穿越火星大气层会产生很大的摩擦力。挡热板将加热至 1427 摄氏度（2 600 华氏度），但是探测器仪器却保持着室内常温。（准确时间：北京时间 5 月 26 日 7 点 46 分 33 秒）

距离火星表面 8 英里，"凤凰"号开始打开降落伞，在部署降落伞的前 15 秒内，探测器从 900 英里/小时速度降至 250 英里/小时，"凤凰"号通过降落伞降落的过程需要 3 分钟时间。（准确时间：北京时间 5 月 26 日 7 点 50 分 15 秒）

在降落伞下降的前 25 秒内，"凤凰"号将分离进入大气层时的挡热板。随着速度的减缓，该探测器不再需要挡热板来隔离进入大气层时的摩擦力升温。（准确时间：北京时间 5 月 26 日 7 点 50 分 30 秒）

当下降速度降至 125 英里/小时，"凤凰"号将与降落伞进行分离，此时距离火星表面的高度为 3 200 英尺。（准确时间：北京时间 5 月 26 日 7 点 53 分 09 秒）

从分离降落伞开始自由落体的 1 秒之内，"凤凰"号将点燃推进器。机载计算机使用雷达信息可调控 12 个推进器的脉冲点火，此时距离火星表面 100 英尺，速度已减缓至 5 英里/小时。（准确时间：北京时间 5 月 26 日 7 点 53 分 12 秒）

在着陆前12秒,推进器将使"凤凰"号保持稳定的周旋转率,探测器的支架开始接触火星表面,推进器关闭。等着陆15~20分钟后,在探测器周边的灰尘落下之后,"凤凰"号将展开它的太阳能电池板。(准确时间:北京时间5月26日7点53分52秒)

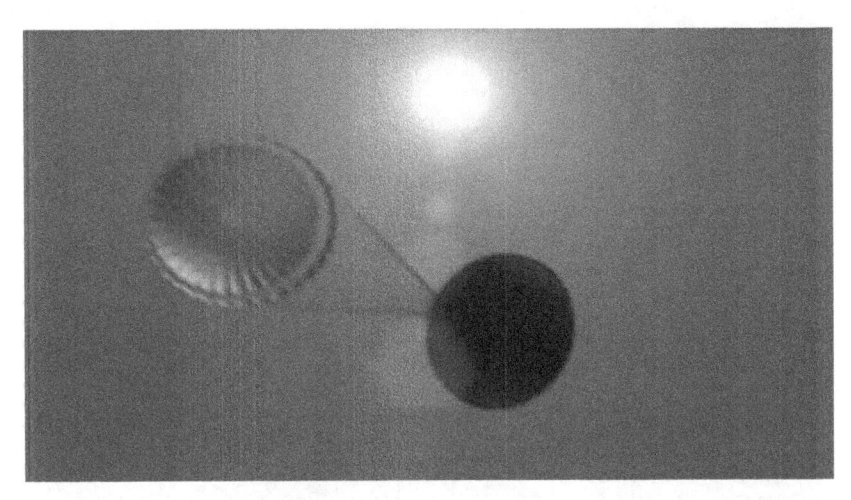

模型三:斜面体的认识

屋顶

一间新房即将建成时要封顶,考虑到下雨时要使落至房顶的雨滴能尽快淌离房顶,所以要设计好房顶的坡度。设雨滴沿房顶下淌时做无初速度无摩擦的运动,请分析坡度为多大时,雨水能以最快速度流淌下来。

● **实验**

设计一个如下图的装置（斜面光滑且较长，倾角 a 可调）。用小球模拟雨滴进行如下的探究活动：不改变底边的长度，多次改变倾角。让同一小球从斜面的顶端开始静止释放，测出小球每次下滑的时间。

倾角 $a/(°)$	15	30	45	60	75
时间 t/s					

根据以上实验数据，为了减少雨水在屋面上停留的时间，在建造人字形屋面时，屋面的倾角角度应该以_____为宜。

● 思考与讨论

1. 抽象表征
1.1 屋顶看成光滑斜面模型；
1.2 将雨滴看成质点。
2. 赋值表征
2.1 设屋檐的底角为 θ；
2.2 设底边为 L，注意底边长度是不变的；
2.3 设雨滴从房顶下淌时做初速度为零的匀加速直线运动，淌离时间为 t。
3. 图像表征

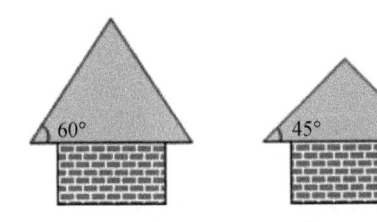

4. 方法表征
4.1 分析法：分析雨滴下降过程中时间与屋面的倾角角度关系；
4.2 理想化法：忽略阻力对分析问题的影响。
5. 物理表征

匀加速运动，$\dfrac{L}{2\cos\theta}=\dfrac{1}{2}g\sin\theta\, t^2$。

6. 数学表征

$t=\sqrt{\dfrac{L}{g\sin\theta\cos\theta}}=\sqrt{\dfrac{2L}{g\sin 2\theta}}$，因此当 $\theta=45°$ 时，时间最短。

● 科学漫步

屋顶

屋顶是建筑顶部的承重和围护构件，一般由屋面、保温（隔热）层和承重结构三部分组成。屋顶又被称为建筑的"第五立面"，对建筑的形体和立面形象具有较大的影响，屋顶的形式将直接影响建筑物的整体形象。

屋顶坡度主要是为屋面排水而设定的，坡度的大小与屋面选用的材料、当地降雨量大小、屋顶结构形式、建筑造型等因素有关。屋顶坡度太小容易渗漏，坡度太大又浪费材料。要综合考虑各方面因素，合理确定屋顶排水坡度。屋顶坡度的形成方法主要有材料找坡和结构找坡两种。[1]

参考文献：

[1] 尹晶,高苏,王亮. 土木建筑工程概论[M]. 成都:西南交通大学出版社,2015.

滑草场地

在某一旅游景区,建有一山坡滑草运动项目。该山坡可看成斜面,一名游客连同滑草装置从静止开始进行无动力匀加速下滑,游客滑下后进入水平草坪,试分析草场水平面设计的最短距离(滑草装置与草皮间的动摩擦因数处处相同)。

● **实验**

滑草是一种新兴运动，设计草场安全很重要。请同学制作一个斜面，倾角自定（特殊角），计算水平面的距离至少多少，才能够保护游客不会撞击到安全防护栏。

● **思考与讨论**

1. 抽象表征
1.1 将草场看成斜面和水平面的组合；
1.2 将游客看成质点；
1.3 将质点的运动看成两个过程的匀加速直线运动。
2. 赋值表征
2.1 设斜面倾角为 θ；
2.2 设游客连同滑草装置的总质量为 m；
2.3 设沿水平面的位移至少为 s；
2.4 滑草装置与草皮之间的动摩擦因数为 μ；
2.5 设质点在斜面、水平面的运动加速度分别为 a、a'；
2.6 设质点在斜面的运动时间为 t。
3. 图像表征

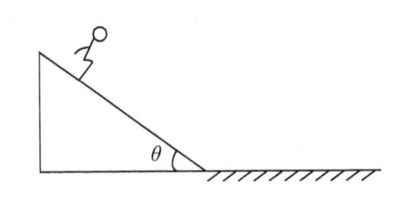

4. 方法表征

4.1 分析法:采用"一图三个关系"分析过程;

4.2 演绎推理法:推理情景的演化过程。

5. 物理表征

匀加速直线运动，$v_t = v_0 + at$；

沿斜面方向，由牛顿第二定律得，$mg\sin\theta - f = ma$；

在垂直斜面方向上，$N - mg\cos\theta = 0$；

在水平面上，$-\mu mg = ma'$。

6. 数学表征

沿斜面方向，由牛顿第二定律得，

$mg\sin\theta - f = ma$；

在垂直斜面方向上，$N - mg\cos\theta = 0$；

又 $f = \mu N$，求出质点在斜面运动的加速度斜面 a，

取水平向右为正方向，下滑后的速度，由 $v_t = v_0 + at$；

在水平面上：$-\mu mg = ma'$；

到游客停止时：$2as = 0 - v_t^2$；

即联立方程式后得到草场水平面最小距离。

• 科学漫步

滑草

滑草是一项考验身体素质的运动。滑草运动在政府的大力支持下,逐渐深入人心,人们对滑草的认识和接受度得到提高。

滑草运动对于我国许多地区的人来说,过去很少接触,而如今各地滑草场和室内草场的建设,使人们在"家门口滑草"已经逐渐变成现实。人们在滑草运动时,在物理学上讲是处于失重状态的。在大型滑草场中,落差大,从高处滑落的

瞬间,在高度紧张状态下,人体会产生大量的啡肽、多巴胺,使人兴奋并产生愉悦感,也使压力得到缓解,情绪得到释放,逐渐适应后,舒适平静的感觉便会充满身心。在这样的滑草场里,经常性参与滑草运动或嬉草项目,可以有效抑制抑郁,同时滑草运动需要身心的高度配合,经常滑草可以提高身体的灵活性和抵抗力。因此,滑草运动"上瘾"并不假。

模型四:叠加体游戏

两人配合

某电视台的娱乐节目中,有一个拉板块的双人游戏,考验游戏双方的默契度。如图所示,一长木板靠在光滑竖直的墙面上,木板右下方有一小滑块(可视为质点)。一人用水平恒力 F_1 向左作用在滑块上,另一人用竖直恒力 F_2 向上拉动滑块,使滑块从地面由静止开始向上运动,同时木板也能向上运动。为使滑块与木板能发生相对滑动,则 F_2 必须满足什么条件? 游戏中,滑块上移 h 时,滑块与木板没有分离,才算两人配合默契,游戏成功。请通过列关系式判断游戏能否成功的条件?

• **实验**

同学们可以在家中、学校等进行活动的时候玩一下这个游戏,体验两力之间的配合关系,寻找理论上的成功条件,记住要给成功的小组一点小小奖励哦。

• **思考与讨论**

1. 抽象表征

1.1 将游戏看成叠加体板块-滑块模型;

1.2 将滑块看成质点。

2. 赋值表征

2.1 设木板长为 L,质量为 M;斜面倾角为 θ;

2.2 设木板右下方有一质量 m 的滑块;

2.3　设滑块与木板间的动摩擦因数为 μ；

2.4　设木板和物块的加速度分别为 a_1、a_2；

3. 图像表征

4. 方法表征

4.1　分析法:板块模型的相对运动分析；

4.2　隔离法:分别对木板、滑块进行受力分析。

5. 物理表征

5.1　由牛顿第二定律分别求出木板和物块的加速度,若物块的加速度大于木板的加速度,即会发生相对滑动；

5.2　分别对木板和滑块分析,由牛顿第二定律求出各自的加速度,根据各自的加速度求出位移,判断相对滑动的位移,与 h 作比较,可得出结果。

6. 数学表征

6.1

对木板由牛顿第二定律有: $\mu F_1 - Mg = Ma_1$；

对滑块由牛顿第二定律有: $F_2 - \mu F_1 - mg = ma_2$；

若能发生相对滑动应有: $a_2 > a_1$；

联立以上方程式可得到 F_2 必须满足的条件。

6.2

对滑块由牛顿第二定律有: $F_2 - \mu F_1 - mg = ma_2$；

设滑块上升 h 的时间为 t,则: $h = \dfrac{1}{2} a_2 t^2$；

对木板由牛顿第二定律有: $\mu F_1 - Mg = Ma_1$；

设木板在 t 时间上升的高度为 H,则: $H = \dfrac{1}{2} a_1 t^2$；

比较 $H+L$ 与 h,滑块在上升 h 之前是否已经脱离了木板,如此确定游戏能不能成功。

/ 二、直线运动 /

• 科学漫步

叠叠高

叠叠高(Jenga),也叫叠叠木、叠叠乐,是一款经典的木制益智积木玩具,它的设计理念来源于古代汉朝的黄肠题凑木模。它简单易玩,能锻炼人的手眼协调能力及意志力,而且能培养平衡力;同时积木搭放的过程也能提高人的耐性和自制力,同时可锻炼手部肌肉的灵活性。它同样适合成人使用,更可作为家庭游戏,增进亲子关系。如今,在家庭里,其随处可见,而且也成为世界各地酒吧的经典玩具。

两物配合

花小骨想起了期末复习时老师讲过的板块模型,于是在桌面上研究起橡皮来。他将橡皮放在直尺上,如图所示,假设直尺足够长且静止在水平面上,请分析从橡皮滑上直尺,直到最后静止下来,橡皮运动的总距离。

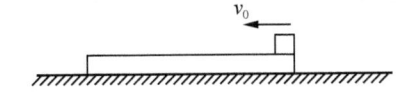

• 实验

同学们可以在家中或学校活动的时候玩一下这个游戏,寻找理论上解决问题的条件,看比赛中谁能使橡皮运动到最远且不滑出直尺。

• 思考与讨论

1. 抽象表征

1.1 将游戏看成叠加体板块-滑块模型;

1.2　将橡皮看成质点。

2. 赋值表征

2.1　设直尺足够长且静止在水平面上,质量为 M;

2.2　设直尺与水平面间的动摩擦因数为 μ_1;

2.3　设质量 m 的橡皮以 v_0 的速度从直尺的右端滑上直尺;

2.4　橡皮与直尺间的动摩擦因数为 μ_2;

2.5　设橡皮与直尺的加速度分别为 a_1、a_2。

3. 图像表征

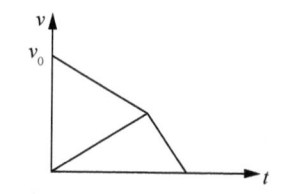

4. 方法表征

4.1　分析法:对板块模型的相对运动进行分析;

4.2　隔离法:分别对直尺、橡皮进行受力分析。

5. 物理表征

5.1　由牛顿第二定律分别求出直尺、橡皮的加速度 $F_合=ma$;

5.2　分别根据各自加速度求出位移,判断相对滑动的位移;

5.3　二者速度相等后一起做匀减速直线运动,由位移公式求出位移。

6. 数学表征

橡皮可以带动直尺运动,说明橡皮对长木板的滑动摩擦力大于地面对长木板的滑动摩擦力,直尺向左加速;橡皮向左减速,根据牛顿第二定律:

对直尺,设向左为正:$\mu_2 mg - \mu_1(M+m)g = Ma_1$;

对橡皮,设向右为正:$\mu_2 mg = ma_2$;

橡皮与长木板速度相等时,有:$v_0 - a_2 t = a_1 t$;

橡皮运动的距离为:$s_1 = v_0 t - \dfrac{1}{2} a_2 t^2$;

此后以一起做匀减速运动,有:$v = a_1 t$。

根据牛顿第二定律:$\mu_1(M+m)g = (M+m)a_3$;

运动的距离为:$s_2 = \dfrac{v^2}{2a_3}$;

所以橡皮滑行的距离为:$s = s_1 + s_2$。

• 科学漫步

华容道

　　华容道原是中国古代的一个地名,相传当年曹操曾经败走此地。由于当时的华容道是一片沼泽,所以曹操大军要割草填地,才能逃离此地。故《资治通鉴》注释中有"从此道可至华容也"。华容道又是一种古老的中国民间益智游戏,以其变化多端、百玩不厌的特点与魔方、独立钻石棋一起被国外智力专家并称为"智力游戏界的三个不可思议"。它与七巧板、九连环等中国传统益智玩具一起,有个代名词称作"中国的难题"。

　　"华容道"有一个带二十个小方格的棋盘,代表各种道路。通过移动各个棋子,帮助曹操从初始位置移到棋盘最下方中部,从出口逃走。游戏时不允许跨越棋子,还要设法用最少的步数把曹操移到出口。曹操逃出华容道的最大障碍是关羽,关羽立马华容道,一夫当关,万夫莫开。关羽与曹操当然是解开这一游戏的关键。四个刘备军兵是最灵活的,也最容易对付,如何发挥他们的作用也要充分考虑周全。

模型五:传送带

径迹

　　一条足够长的浅色水平传送带自左向右匀速运行。现将一个木炭包无初速地放在传送带的最左端,木炭包在传送带上将会留下一段黑色的径迹。请分析木炭包的质量越大,其径迹的长度是否越短?

• **实验**

制作一个传送带，使用控制变量法，研究是否木炭质量越大，在传送带上留下的痕迹越短。

• **思考与讨论**

1. 抽象表征

1.1 将痕迹问题看成传送带模型；

1.2 将木炭看成质点。

2. 赋值表征

2.1 设木炭包的质量为 m；

2.2 设木炭包在传送带上获得的加速度为 a；

2.3 设传送带的速度为 v；

2.4 设木炭包和传送带之间的动摩擦因数为 μ；

2.5 设木炭包和传送带达到共速的时间为 t；

2.6 设运动时间 t 内木炭包和传送带的位移分别为 $x_{木}$、$x_{传}$。

3. 图像表征

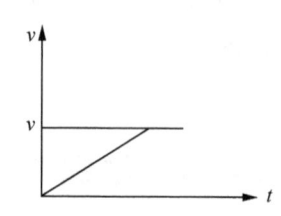

4. 方法表征

4.1 分析法：采用"一图三个关系"分析过程；

4.2 演绎推理法：推理情景的演化过程。

5. 物理表征

木炭包在传送带上运动靠的是与传送带之间的摩擦力，摩擦力作为它的合力产生加速度，所以由牛顿第二定律知，$\mu mg = ma$；

当达到共同速度时,不再有相对滑动。

木炭包速度 $v^2=2ax$;

相对滑动的时间为 $t,v=at$;

传送带匀速运动,$x=vt$。

6. 数学表征

由牛顿第二定律知,$\mu mg=ma$,所以 $a=\mu g$,

当达到共同速度时,不再有相对滑动。

由 $V^2=2ax$ 得,木炭包位移 $X_木=\dfrac{v^2}{2\mu g}$,

设相对滑动的时间为 t,由 $V=at$,得 $t=\dfrac{v}{\mu g}$,

此时传送带的位移为 $x_传=vt=\dfrac{v}{\mu g}$,

所以滑动的位移是 $\Delta x=x_传-X_木=\dfrac{v^2}{2\mu g}$。

由此可以知道,黑色的径迹与木炭包的质量无关。

• **科学漫步**

传送带

17 世纪中叶,美国开始应用架空索道传送散状物料;19 世纪中叶,各种现代结构的传送带输送机相继出现。1868 年,英国出现了皮带式传送带输送机;1887 年,美国出现了螺旋输送机;1905 年,瑞士出现了钢带式输送机;1906 年,英国和德国出现了惯性输送机。此后,传送带输送机受到机械制造、电子、化工和冶金等工业技术进步的影响,不断完善。其也逐步由车间内部的传送,发展成为在企业内部、企业之间甚至城市之间的物料搬运,也是物料搬运系统机械化和自动化不可缺少的组成部分。

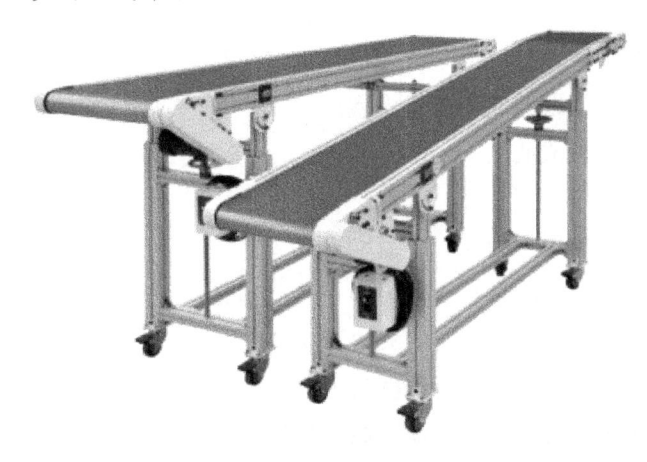

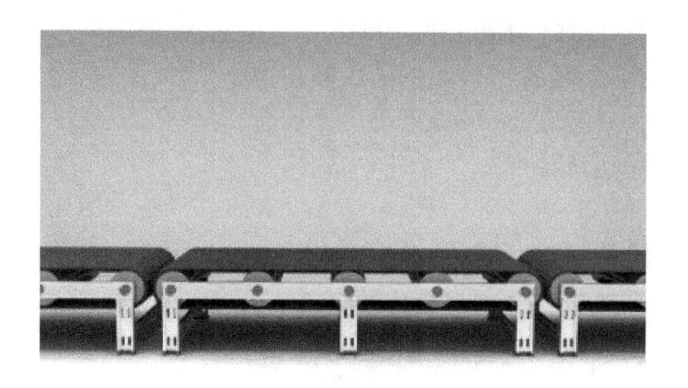

粮食传送带

如图所示为粮袋的传送装置。传送带工作时逆时针运行,正常工作时工人在 A 点将粮袋放到运行中的传送带上,粮袋从 A 到 B 进行运动。请分析到达 B 点的速度与传送带的速度,并对二者速度进行比较。

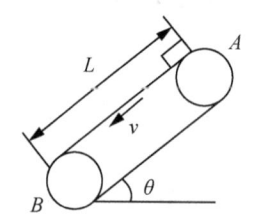

• **实验**

制作一个自转传送带(带小马达),可多次改变传送带速度,观察判断物体最后的速度情况。

• **思考与讨论**

1. 抽象表征

1.1 将粮袋问题看成传送带模型;

1.2 将粮袋看成质点。

2. 赋值表征

2.1 设粮袋的质量为 m;

2.2 设 AB 间长度为 L;

2.3 设传送带与水平方向的夹角为 θ;

2.4 设传送带工作时运行速度为 v;

2.5 设粮袋与传送带间的动摩擦因数为 μ;

2.6　设粮袋在传送带上获得的加速度为 a。

3. 图像表征

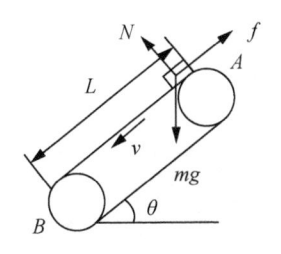

4. 方法表征

4.1　分析法：采用"一图三个关系"方法分析过程；

4.2　演绎推理法：推理情景的演化过程。

5. 物理表征

粮袋在传送带临界状态是当 $mg\sin\theta=\mu mg\cos\theta$ 时，即 $\mu=\tan\theta$。

6. 数学表征

当 $mg\sin\theta>\mu mg\cos\theta$，即 $\mu<\tan\theta$，粮袋先做匀加速运动，$a=g(\sin\theta+\mu\cos\theta)$，当速度与传送带相同后，$a=g(\sin\theta-\mu\cos\theta)$ 匀加速；

当 $mg\sin\theta\leqslant\mu mg\cos\theta$，即 $\mu\geqslant\tan\theta$，粮袋先做匀加速运动，$a=g(\sin\theta+\mu\cos\theta)$，当速度与传送带相同后，一起做匀速运动。

• 科学漫步

传送带的未来

未来传送带设备将向着设备大型化、使用范围广、物料自动分拣、降低能量消耗、减少污染等方面发展。

大型化包括大输送能力、大单机长度和大输送倾角等几个方面。目前水力输送装置的长度已达 440 千米以上；带式输送机的单机长度已近 15 千米，并已出现由若干台组成联系甲乙两地的"带式输送道"。不少国家正在探索长距离、大运量的连续输送物料且结构更为完善的输送机。

扩大输送机的使用范围，是指发展能在高温、低温条件下，以及能在腐蚀性、放射性、易燃性环境中工作的输送机；或者能输送炽热、易爆、易结团、黏性物料等的传送带设备。

模型六：连接体

高铁

我国高铁技术处于世界领先水平，高速铁路列车是由动车和拖车组合而成，提供动力的车厢叫动车，不提供动力的车厢叫拖车。假设动车组各车厢质量均相等，动车的额定功率都相同，动车组在水平轨道上运行过程中阻力与车重成正比。某列动车组由 8 节车厢组成，其中第 1、5 节车厢为动车，其余为拖车。分析动车组第 5 节车厢对第 6 节车厢的拉力大小。

● 实验

制作轻绳连接体，想办法匀速拉动时测出绳子的拉力。

● 思考与讨论

1. 抽象表征

1.1 将高铁看成连接体模型；

1.2 将6、7、8节车厢看成质点。

2. 赋值表征

2.1 设每节车厢的质量均为 m；

2.2 设动车运行过程中所受阻力为车重的 k 倍；

2.3 设每节动车提供的动力均为 F。

3. 图像表征

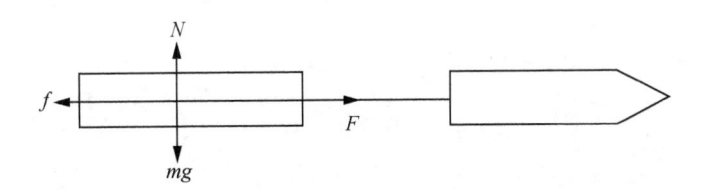

4. 方法表征

4.1 分析法：采用"一图三个关系"方法分析过程；

4.2 演绎推理法：推理情景的演化过程。

5. 物理表征

加速度，由牛顿第二定律知 $F=ma$。

6. 数学表征

对动车组，根据牛顿第二定律，$2F-8kmg=8ma$；

再以 6、7、8 节车厢为研究对象,由牛顿第二定律得,$T-3kmg=3ma$;

解得 $T=\dfrac{3}{4}F$.

• **科学漫步**

高铁

高速铁路,就是设计标准等级高、能让列车高速运行的铁路系统。世界上第一条正式的高速铁路系统是 1964 年建成通车的日本东海道新干线,它沟通了东京、名古屋和大阪所在的日本三大都市圈,促进了日本的高速发展。其设计速度为 200 km/h,因此高速铁路的初期速度标准就是 200 km/h。后来随着技术进步,火车速度更快,不同时代不同国家就对高速铁路有了不同定义,并根据本国情况规定了各自高速铁路级别的详细技术标准,故高速铁路涉及的列车速度、铁路类型等就不尽相同。

向上拉货物

在一个大型货物现场,工人准备把材料相同的 P、Q 两个箱子通过轻绳相连,沿斜面拉到坡顶,轻绳与拉力的方向均平行于斜坡。当拉力一定时,请分析货物 Q 受到绳的拉力与什么因素有关。

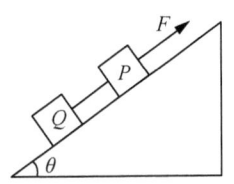

- **实验**

制作一个简单斜面,以及准备两个小重物,用细绳连接,并拉到斜面顶。分析改变斜面的倾角、粗糙程度以及改变重物的重量等方式,采用控制变量法,用弹簧测力计记录匀速拉上去的受力情况。

- **思考与讨论**

1. 抽象表征

1.1 将运送箱子问题看成连接体模型;

1.2 将箱子看成质点。

2. 赋值表征

2.1 设箱子 P、Q 的质量为 m_1、m_2;

2.2 设斜面倾角为 θ;

2.3 设箱子拉动时获得的加速度为 a;

2.4 设箱子 P、Q 受到的拉力为 F、T;

2.5 设斜面与箱子间动摩擦因数为 μ。

3. 图像表征

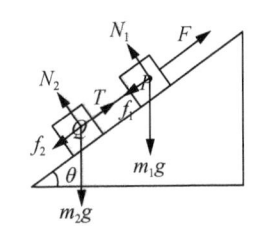

4. 方法表征

4.1　分析法：采用"一图三个关系"方法分析过程；

4.2　整体隔离法：对整体和个体进行受力分析。

5. 物理表征

分析箱子受力，获得加速度 $F=ma$。

6. 数学表征

以整体为研究对象，根据牛顿第二定律得：

$$F-(m_1+m_2)g\sin\theta-\mu(m_1+m_2)g\cos\theta=(m_1+m_2)a，$$

得：$a=\dfrac{F}{m_1+m_2}-g\sin\theta-\mu g\cos\theta$。

再对 Q 分析，根据牛顿第二定律得：$T-m_2g\sin\theta-\mu m_2g\cos\theta=m_2a$，

解得：$T=\dfrac{m_2F}{m_1+m_2}$。

则知绳子的拉力与斜面倾角 θ 无关，与动摩擦因数无关，与运动状态无关，仅与两物体的质量有关。

•科学漫步

输送线

中国古代的高转筒车和提水的翻车，是现代斗式提升机和刮板输送机的雏形。17世纪中叶，开始用架空索道输送散状物料；19世纪中叶，各种现代结构的输送机相继出现。

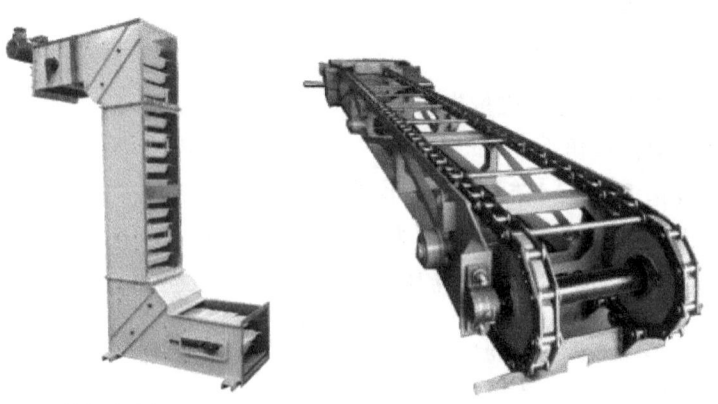

（现代斗式提升机）　　（刮板输送机）

> 回到课堂
> ——物理情景建模分析

三、曲线运动

All our dreams can come true, if we have the courage to pursue them。如果我们有勇气去追求,我们所有的梦想都可以成为现实。——华特·迪士尼

华特·迪士尼的名字早已随着米老鼠和唐老鸭的形象一起进入了千家万户,他也成为世界顶级的电影业和娱乐业大亨。除米老鼠、唐老鸭外,迪士尼还拍摄了《白雪公主》《木偶奇遇记》等很多知名的电影,同时其也让迪士尼乐园成为可能,开创了主题乐园这种形式。华特·迪士尼是世界上获得奥斯卡奖最多的人。他获得了56个奥斯卡奖提名和7个艾美奖。

模型一:运动的合成与分解

小船渡河

河面不宽,一只小船在静水中的速度大于水流速度。分析要使小船渡河的时间最短,则小船应采用何种方式渡河?最短时间是多少?要使它渡河的航程最短,则小船应如何渡河?渡河时间是多少?

● **实验**

制作一个条形水槽并模拟河流，一侧可以控制流水的速度；购买一只可控制速度的遥控小船并进行模拟实验。分析如何在水速、船速不变的情况下使小船过河的时间最短及船程最小。

● **思考与讨论**

1. 抽象表征

1.1 将小船渡河看成运动的合成与分解模型；

1.2 将小船看成质点。

2. 赋值表征

2.1 设河宽为 d；

2.2 设小船在静水中的速度为 v_c；

2.3 设水流速度为 v_s；

2.4 设最短渡河时间为 t_1；

2.5 设小船的方向与河岸的夹角为 θ 时，渡河航程最短。

3. 图像表征

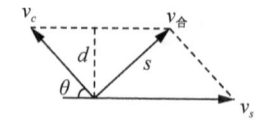

4. 方法表征

4.1 运动分解法：小船参与了自身速度和水速的两个分运动；

4.2 等效法：对合运动与分运动的等效性进行分析。

5. 物理表征

分运动的等时性 $t_1 = \dfrac{d}{v_c}$；

分解静水中的平行岸边的船速 $v_c\cos\theta$。

6. 数学表征

当静水速的方向与河岸垂直时,渡河时间最短,最短时间 $t_1=\dfrac{d}{v_c}$。

因为水流速度小于静水速度,所以合速度的方向能垂直河岸,则小船能到达正对岸。

设此时静水速的方向与河岸的夹角为 θ,必须满足 $\cos\theta=\dfrac{v_s}{v_c}$ 时,合速度的方向与河岸方向垂直时,渡河航程最小。

• **科学漫步**

船模

船模即船舶模型,是完全依照真船的形状、结构、色彩,甚至内饰部件,严格按比例缩小而制作的比例模型。船模因为其真实再现了原船的主要特征,且做工精良,本身亦蕴含着船舶的文化属性,故具有很高的收藏价值。一套典藏的船模可以完整真实地再现一个船舶公司或一个船舶品牌的历史。

流速改变

某河河中某点的水流速度 v 与该点到较近河岸的距离 d 的关系如图所示,船在静水中的速度始终大于水流速度,请分析船渡河的最短时间。

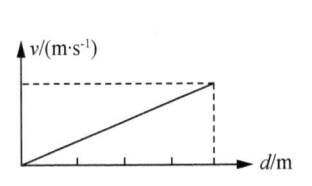

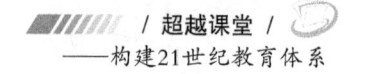

● 实验

制作一个条形水槽模拟河流，一侧可以控制流水速度；购买一只可控制速度的遥控小船模拟实验。分析如何在水速改变的情况下如何使小船过河时间最短。

● 思考与讨论

1. 抽象表征

1.1 将小船渡河看成运动的合成与分解模型；

1.2 将小船看成质点。

2. 赋值表征

2.1 设河宽为 d；

2.2 设小船在静水中的速度为 v_c；

2.3 设水流速度为 v；

2.4 设最短渡河时间为 t_1。

3. 图象表征

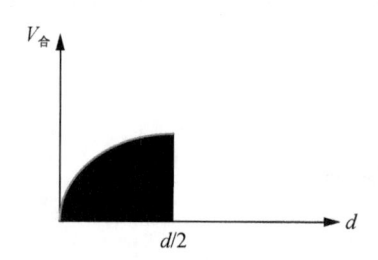

4. 方法表征

4.1 运动分解法：小船参与了自身速度和水速两个分运动；

4.2 等效法；合运动与分运动的等效性分析。

5. 物理表征

分运动的等时性 $t_1 = \dfrac{d}{v_c}$。

6. 数学表征

小船做曲线运动，但是根据合运动与分运动的等时性，当静水速的方向与河岸垂直时，渡河时间最短，最短时间 $t_1 = \dfrac{d}{v_c}$。

● 科学漫步

船模比赛

1958年，在北京举行了第一届全国航海模型比赛，并创造了第一批航海模型运动的全国纪录。从那时起,几乎每年都举行全国性比赛。历届全国运动会,航海模型均列为比赛或表演项目。20世纪50年代,中国的航海模型运动曾同苏联及东欧的一些国家有过交流,并两次派代表观摩了在东欧国家举行的国际比赛。1978年,中国航海运动协会与世界航海模型联合会建立了联系。1979年,中国航海运动协会应邀派代表出席观摩第一届世界动力船模型锦标赛。1980年3月,世界航海模型联合会主席团通过决议,接纳中国为会员国。

模型二:平抛运动

愤怒的小鸟

"愤怒的小鸟"是一款有趣的游戏,为了报复偷走鸟蛋的肥猪们,鸟儿以自己的身体为武器,如炮弹般弹射出去并攻击肥猪们的堡垒。班级的同学们根据自己所学的物理知识进行分析:小鸟被弹弓沿水平方向弹出后,分析其能够直接击中肥猪的条件。

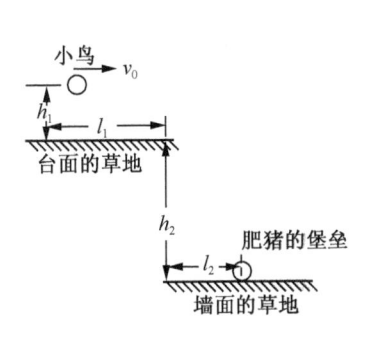

- **实验**

通过电脑游戏进行实验,控制力度、角度并感受要准确击中目标的方法。

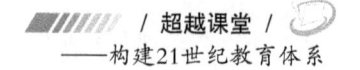

● 思考与讨论

1. 抽象表征

1.1 将小鸟的运动看成平抛模型；

1.2 将小鸟、肥猪看成质点。

2. 赋值表征

2.1 设各个物理量为 h_1、h_2、v_0、l_1、l_2；

2.2 设小鸟直接击中肥猪的时间为 t；

2.3 设小鸟在平台运动的时间为 t_1；

2.4 设小鸟水平弹出后，下落竖直高度 h_1 的水平射程为 x。

3. 图像表征

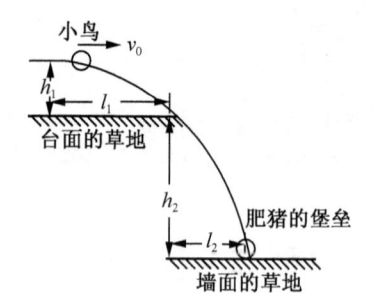

4. 方法表征

4.1 化曲为直分解法：小鸟参与了水平、竖直两个分运动；

4.2 等效法：合运动与分运动的等效性分析。

5. 物理表征

水平运动 $x=v_0 t$；

竖直运动 $h=\frac{1}{2}gt^2$。

6. 数学表征

设小鸟以 v_0 速度弹出并能直接击中堡垒，则：$h_1+h_2=\frac{1}{2}gt^2$，

解得：$t=\sqrt{\frac{2(h_1+h_2)}{g}}$。

根据 $l_1+l_2=v_0 t$，解得：$v_0=\frac{l_1+l_2}{t}$ ①，

同时为避免小鸟先撞在平台上，根据 $x=v_0 t_1$，$h_1=\frac{1}{2}gt_1^2$，

得：$x=v_0\sqrt{\frac{2h_1}{g}}\geq l_1$ ②，

即满足①②式小鸟可以直接击中肥猪。

• **科学漫步**

愤怒的小鸟

《愤怒的小鸟》是由 Rovio 公司开发的一款休闲益智类游戏,于 2009 年 12 月首发于 iOS 平台。游戏以小鸟报复偷走鸟蛋的肥猪为背景,讲述了小鸟与肥猪之间的一系列故事。2016 年 3 月 18 日,联合国前秘书长潘基文任命该游戏中的红色小鸟为绿色荣誉大使。《愤怒的小鸟》是全球首款真正取得成功的主流手机游戏。

超速事故检测

某卡车在公路上与路旁障碍物相撞。处理事故的警察在泥地中发现了一个小的金属物体,经判断,它是相撞瞬间,车顶上一个松脱的零件被抛出而陷在泥里的。为了判断卡车是否超速,请指出需要测量的物理量。

• **实验**

操作一辆物理小车,车顶放置一个零件,快速撞击前面的一个固定障碍物,零件飞出。分析物理小车速度是否超速。

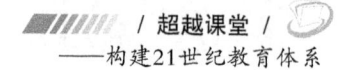

• **思考与讨论**

1. 抽象表征

1.1 将零件飞出运动看成平抛模型；

1.2 将物理小车、零件看成质点。

2. 赋值表征

2.1 设小车速度为 v_0；

2.2 设零件飞出直到落地的时间为 t；

2.3 设小车高度为 h；

2.4 设小车撞击后停下来零件水平射程为 x。

3. 图像表征

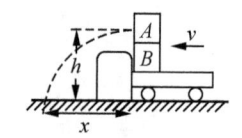

4. 方法表征

4.1 化曲为直分解法：零件参与了水平、竖直两个分运动；

4.2 等效法：合运动与分运动的等效性分析。

5. 物理表征

水平运动 $x = v_0 t$；

竖直运动 $h = \frac{1}{2}gt^2$。

6. 数学表征

零件被抛出做平抛运动，且平抛运动的初速度等于卡车原来的速度，则

$h = \frac{1}{2}gt^2, x = v_0 t$，解得 $v_0 = x\sqrt{\dfrac{g}{2h}}$。

要测量卡车原来的速度，只要测出零件平抛运动的初速度，由上可知，即需要测量车的高度和零件脱落点与陷落点的水平距离。

• **科学漫步**

分析超速图片

所有测速设备都是和抓拍摄像头自动连接的。测速者发现超速，一般就会触发摄像头去抓拍。就在电子摄像头连续抓拍的同时，违法车辆图像信息已经传到了系统后台，交警可以对抓拍图像进行登记、编号。同时借助计算机系统，交警对交通违法行为全过程进行视频图像(至少是两张以上的图像)分析。两张

或其以上的图片都有生成的时间和车辆的位置,假如两张图的时间相差1秒,计算机则可以自动测算出车辆的位置差距,通过位置差距算出车辆车速和超速的百分比。比如相差20米,1秒相差20米,那么正常的车速就是时速72千米。如果这个路段限速60千米,那就是超速啦。

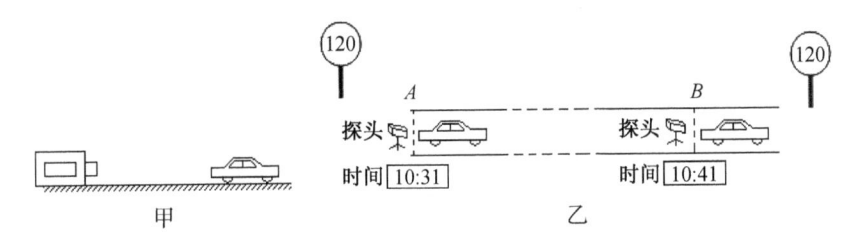

投篮

篮球是大众喜爱的运动项目。如图所示,一同学将一篮球从某点斜向上与水平方向成角度(即抛射角)情况下抛出,刚好击中篮板上A点,此时不计空气阻力,若该同学从抛射点向远离篮板方向水平移动一小段距离,仍使抛出的篮球击中A点,则可行的方法是什么?

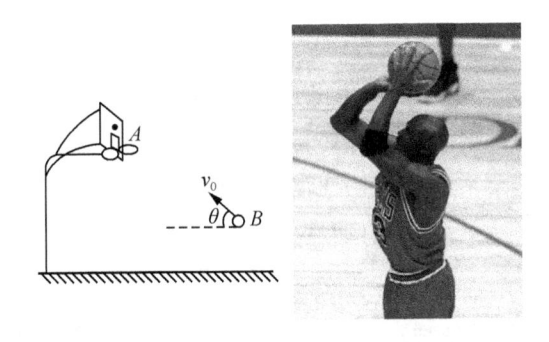

- **实验**

篮球运动是我们喜欢的项目,实际操作一下稍微远离篮筐,把球击中篮板上的同一点。

- **思考与讨论**

1. 抽象表征

1.1 将篮球飞出运动看成平抛逆运动模型;

1.2 将篮球看成质点。

2. 赋值表征

2.1 设篮球投出去的速度为v_0,分解为水平速度v_x和竖直速度v_y;

2.2 设篮球击中篮筐A点的时间为t;

2.3 设投出点距离篮筐高度为 h；

2.4 设抛出点距离篮筐水平射程为 x；

2.5 设抛球与水平方向夹角为 θ。

3. 图像表征

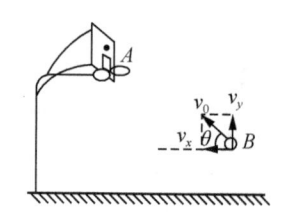

4. 方法表征

4.1 化曲为直分解法：篮球参与了水平、竖直两个分运动；

4.2 等效法：合运动与分运动的等效性分析。

5. 物理表征

水平运动 $x=v_0t$，

平抛运动角度关系 $\tan\theta=\dfrac{v_y}{v_x}$，$\sin\theta=\dfrac{v_y}{v_0}$。

6. 数学表征

篮球击中 A 点，其逆过程是平抛运动，该同学从抛射点向远离篮板方向水平移动一小段距离后，则水平位移变大，竖直位移不变，运动时间不变。

由 $x=v_xt$，则需要增大平抛初速度，即抛射时的速度 v_0 增大，同时抛射角 θ 变小，水平速度 v_x 变大，保证竖直速度 v_y 不变。

• 科学漫步

投篮技巧

投篮是篮球运动中一项很重要的技能。投篮的技巧有很多，最重要的就是姿势一定要正确，正确的投篮姿势是命中率的保障。一只手拨球，另一只手撑握方向，在起跳的同时，球就应该出手。另外一种投篮的方式是跳投，就是等身体跳到最高的一点时，球再出手。跳投比较难，但是投篮的命中率会有所提高。胳膊有力量才能保证投篮投到指定的位置，所以，身体的力量很重要，平时应该多做一些运动来锻炼身体的力量。投篮还有一个很重要的影响因素，就是身体的协调性要好，有很多球星在身体失去平衡的时候还可以把球投进，就是因为他们的身体协调性很

好。所以，平时一定要做一些锻炼身体协调性的运动。

滑雪比赛

在一雪场斜面顶端，甲、乙两人分别以 v 和 $\dfrac{v}{2}$ 的速度沿同一方向水平冲出，两人都落在该斜面上。请计算甲落至斜面时的速率与乙落至斜面时速率的比值。

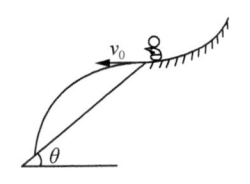

● **实验**

制作一个斜面，让一个铁球分别以不同速度飞出并落在斜面上，观察落点痕迹的远近，分析落在斜面的速率情况。

● **思考与讨论**

1. 抽象表征

1.1 将人飞出运动看成平抛模型；

1.2 将人看成质点。

2. 赋值表征

2.1 设斜面倾角为 α；

2.2 设人落在斜面上速度方向偏向角为 θ。

3. 图像表征

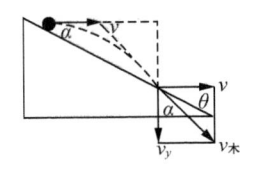

4. 方法表征

4.1 化曲为直分解法：落地时参与了水平、竖直两个分运动；

4.2 等效法：合运动与分运动的等效性分析。

5. 物理表征

水平运动 $x = v_0 t$；

竖直运动 $h=\frac{1}{2}gt^2$；

平抛运动的推论 $\tan\theta=2\tan\alpha$。

6. 数学表征

根据平抛运动的推论，可得 $\tan\theta=2\tan\alpha$，所以甲乙两人落在斜面上时，速度偏向角相等。

故对甲有：$v_{甲末}=\dfrac{v}{\cos\theta}$，

对乙有：$v_{乙末}=\dfrac{v}{2\cos\theta}$，

所以 $\dfrac{v_{甲末}}{v_{乙末}}=\dfrac{2}{1}$。

● 科学漫步

滑雪

滑雪运动是运动员把滑雪板装在靴底上，在雪地上进行竞速、跳跃和滑降的竞赛运动。滑雪板用木材、金属材料和塑料混合制成。

滑雪运动（特别是现代竞技滑雪运动）发展到当今，项目不断增多，领域不断扩展。世界比赛正规的大项目分为：高山滑雪、北欧滑雪（Nordic Skiing，越野滑雪、跳台滑雪）、自由式滑雪、冬季两项滑雪、雪上滑板滑雪等。每大项又分众多小项，锦标赛、冬奥会中几十枚耀眼的金牌激励人们去拼搏、去分享。纯竞技滑雪具有鲜明的竞争性、专项性，相关条件要求严格，非一般人所能具备和适应。例如高山滑雪，其由滑降、小回转和大回转（障碍滑雪）组成。高山滑雪混合项目，由上述三个项目组成。滑雪人呈站立姿态，手持滑雪杖、足踏滑雪板在雪面上滑行。"立""板""雪""滑"是滑雪运动的关键要素。由于高山滑雪具有惊险、优美、自如、动感强、魅力大、可参与面广等特点，故高山滑雪被人们视为滑雪运动的精华和象征。通常情况下，评估人们滑雪技术水平的高低，多以高山滑雪为尺度或标准。旅游滑雪是出于娱乐、健身等目的，人为因素制约程度很轻，男女老幼均可在雪场上轻松、愉快地滑行，畅享滑雪运动的无穷乐趣。

抛石机

图甲所示为古代攻城所使用的重型"抛石机"示意图；图乙是其结构示意图；

图中 E 点为"抛石机"杠杆臂的转轴,BD 是其锁定装置,C 端有槽可以放石块,F 端放置配重物,解除 BD 锁定后,杠杆在配重物作用下绕 E 点旋转,即可将石块抛出。请估算石块被抛出时的速度。

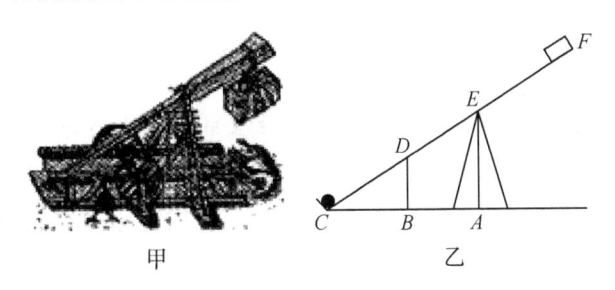

甲 乙

• **实验**

制作一个抛石机模型,考虑怎样用较小的力把较重的东西扔出去。

• **思考与讨论**

1. 抽象表征

1.1 将石块飞出看成平抛逆运动模型;

1.2 将石块看成质点。

2. 赋值表征

2.1 设"抛石机"CE 长为 L_1;

2.2 设"抛石机"EF 长为 L_2;

2.3 当 F 端触地时,杠杆与地面夹角为 α;

2.4 "抛石机"抛出石块的最大高度为 H;

2.5 设石块投出去的速度为 v_1,分解为水平速度 v_x 和竖直速度 v_y。

3. 图像表征

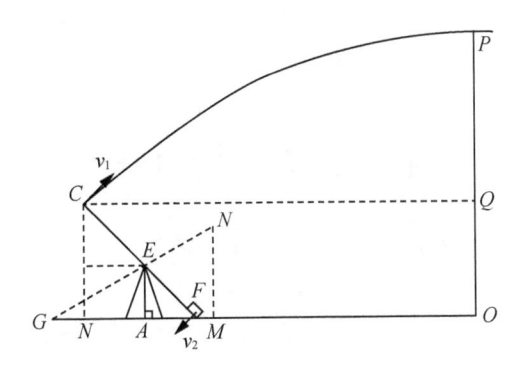

4. 方法表征

4.1 化曲为直分解法:石块参与了水平、竖直两个分运动;

4.2 等效法：进行合运动与分运动的等效性分析；

4.3 分析法：几何关系分析。

5. 物理表征

平抛运动角度关系。

6. 数学表征

石块的最大高度为 H，且其速度恰好沿水平方向进行，逆向可看作是平抛运动，作出"抛石机"中石块的运动方向；

抛出石块时，$CN=(L_1+L_2)\sin\alpha$，石块竖直方向位移 $y=PQ=H-CN$，石块竖直分速度 $v_y^2=2gy$，

解得：$v_y=\sqrt{2gH-2g(L_1+L_2)\sin\alpha}$。

设石块抛出时速度大小为 v_1，由图中几何关系可知，v_1 与水平方向夹角为 α，则有 $v_1\sin\alpha=v_y$，

解得 $v_1=\sqrt{2gH-2g(L_1+L_2)\sin\alpha}/\sin\alpha$。

• 科学漫步

抛石机

抛石机的种类很多，通常抛石机指的是配重式抛石机。与弹射器不同，抛石机是利用配重物（counter-weight）的重力发射。其出现于中世纪初期，使用至十五世纪，主要用于围攻和防守要塞。

抛石机的机架两支柱间有固定横轴，上有与轴垂直的杠杆，可绕轴自由转动。杠杆短臂上固定一个重物，长臂末端有弹袋（类似投石带的套子）用于装弹。发射时，用绞车把长臂向后拉至近乎于水平位置，突然放开，石袋即迅速升起。当短臂重锤完全落下时，投射物从弹袋中约沿45度角飞出。30千克的石弹射程约140至210米，100千克的石弹射程约40至70米。

模型三：圆周运动传动装置

跷跷板

2020年是农历庚子鼠年，如图所示，一只小老鼠和一只大象在转动的跷跷板上。请估算转轴 O 到 B 点的距离。

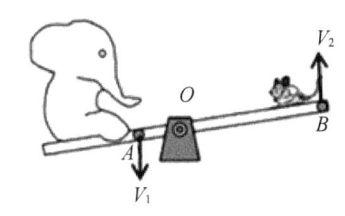

- **实验**

将一支蜡烛的两端削尖，在中间垂直插入一枚大号的缝衣针，把缝衣针的两端分别放在两个玻璃杯上，就做成了一个蜡烛跷跷板。用小刀对蜡烛的两端进行加工，使跷跷板能在水平位置平衡。点燃蜡烛两端（如图），分析跷跷板是怎样运动的？你能说明其中的道理吗？

- **思考与讨论**

1. 抽象表征

1.1 将跷跷板看成同轴转动模型；

1.2 将小老鼠和大象看成质点。

2. 赋值表征

2.1 设大象速度为 v_1；

2.2 设小老鼠速度为 v_2；

2.3 设它们到转轴 O 的距离分别是 r_1、r_2；

2.4 设两者的距离为 L。

3. 图像表征

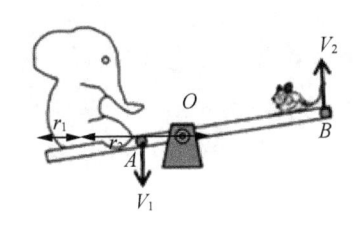

4. 方法表征:演绎推理法。

5. 物理表征

角速度与线速度关系公式,$v=\omega r$。

6. 数学表征

由角速度与线速度关系公式 $v=\omega r$ 可知,A、B 线速度之比等于它们到 O 点的距离之比,线速度之比为:

$v_1 : v_2 = r_1 : r_2$,

又:$r_1 + r_2 = L$,

联立解得:$r_2 = \dfrac{v_2}{v_1 + v_2} L$。

• 科学漫步

跷跷板

跷跷板原理是杠杆原理,人对跷跷板的压力是动力和阻力,人到跷跷板固定点的距离分别是动力臂和阻力臂。

向下的加速度导致一上一下,高者的向下加速度要大于低者,所以高者下降,同时在杠杆原理作用下将低者翘起来,如此循环。

我们都知道跷跷板是一个需要配合才能玩得起来的儿童游乐设备,玩的时候要求两个孩子之间要好好合作,所以,这种儿童游乐设备如果没有成人的陪伴,是不适合5岁以下的孩子玩的,因为小孩子还不知道照顾对方的感受,不想玩了就径自下来,根本不去管对方处于什么情况,这样容易发生意外事故。

速度计

汽车在公路上行驶一般不打滑,轮子转一周,汽车向前行驶的距离等于车轮的周长。请估算出该车轮的转速。

• **实验**

使用一辆物理小车和打点计时器,让小车匀速直线运动,测出小车的速度,估算车轮的转速。

• **思考与讨论**

1. 抽象表征

1.1 将车轮转动看成圆周运动传动模型;

1.2 将汽车看成质点。

2. 赋值表征

2.1 设汽车匀速行驶,t 时间路程为 x;

2.2 设车轮 t 时间转过的圈数为 N;

2.3 设车轮上点转动的路程为 x';

2.4 设车轮转速为 n;

2.5 设车轮半径为 R;

2.6 设汽车速度为 v。

3. 图像表征

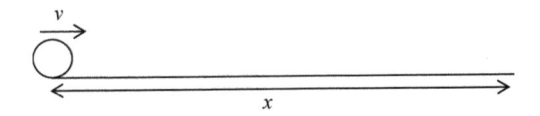

4. 方法表征:演绎推理法。

5. 物理表征

汽车的车轮半径和速度的关系,$x = nt \cdot 2\pi R$;

汽车匀速行驶,速度公式 $x = vt$。

6. 数学表征

汽车匀速行驶,t 时间路程为:$x = vt$;

车轮 t 时间转过的圈数为:$N = nt$;

车轮上点转动的路程为:$x' = N \cdot 2\pi R$;

汽车在公路上行驶不打滑,故:$x = x'$;

联立解得:$vt = nt \cdot 2\pi R, n = \dfrac{v}{2\pi R}$。

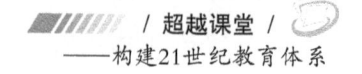

• 科学漫步

车速表

传统的车速表是机械式的,典型的机械式里程表是连接一根软轴的,软轴内有一根钢丝缆,软轴另一端连接到变速器某一个齿轮上。齿轮旋转带动钢丝缆旋转,钢丝缆带动里程表罩圈内一块磁铁旋转,罩圈与指针连接并通过游丝将指针置于零位,磁铁旋转速度的快慢引起磁力线大小的变化,此时平衡被打破,指针因此被带动。这种车速里程表简单实用,被广泛用于大、小型汽车上。不过,随着电子技术的发展,现在很多轿车速度计已经使用电子车速表,常见的一种是从变速器上的速度传感器获取信号,通过脉冲频率的变化使指针偏转或者显示数字,从而获得车速信息。

自行车传动

如图所示为自行车传动结构的示意图,其中Ⅰ是牙盘(大齿轮),Ⅱ是飞轮(小齿轮),Ⅲ是后轮,请分析自行车前进的速度。

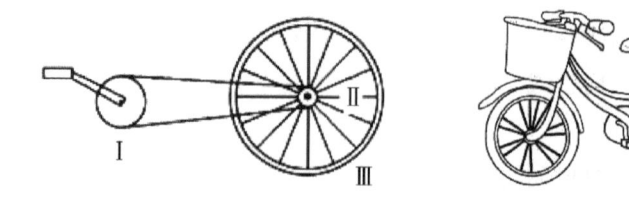

• 实验

找一辆自行车,用手转动脚踏板使其后轮转动,观察链条带动的大小齿轮线速度是否一致,分析是同带问题或是同轴问题;假设已知转速,如何求出自行车前进的速度?

● 思考与讨论

1. 抽象表征

1.1 将自行车链条传动结构看作是同带模型；

1.2 将自行车后轮传动结构看作是同轴模型。

2. 赋值表征

2.1 设Ⅰ是半径为 r_1 的牙盘（大齿轮）；

2.2 设Ⅱ是半径为 r_2 的飞轮（小齿轮）；

2.3 设Ⅲ是半径为 r_3 的后轮；

2.4 设脚踏板的转速为 $n(r/s)$。

3. 图像表征

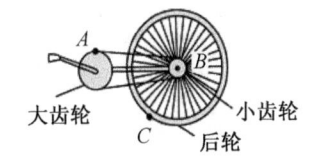

4. 方法表征

4.1 演绎推理法：判断链条、齿轮关系；

4.2 理想化模型：把自行车传动结构作理想化模型处理。

5. 物理表征

大齿轮和小齿轮靠链条传动，线速度相等，根据半径关系可以求出小齿轮的角速度。后轮与小齿轮具有相同的角速度，若按要求测出自行车的速度，需要知道后轮的半径，抓住角速度相等因素，即可求出自行车的速度。角速度与线速度的关系公式 $v=\omega r$。

6. 数学表征

转速为单位时间内转过的圈数，转动角速度 $\omega=2\pi n$ rad/s

根据题意知：轮Ⅰ和轮Ⅱ边缘上的线速度大小相等，据 $v=R\omega$ 可知：$r_1\omega_1=r_2\omega_2$，已知 $\omega_1=2\pi n$，则轮Ⅱ的角速度 $\omega_2=\dfrac{r_1}{r_2}\omega_1$。因为轮Ⅱ和轮Ⅲ共轴，所以转动的 ω 相等，即 $\omega_3=\omega_2$。根据 $v=R\omega$ 可知，$v=r_3\omega_3=\dfrac{2\pi n r_1 r_3}{r_2}$。

● 科学漫步

自行车设计雏形

1790年，有一个名叫西夫拉克的法国人，特别爱动脑筋。有一天，他行走在巴黎的一条街道上，因为前一天下过雨，路上积了许多雨水，很不好走。突然，一辆四轮马车从其身后滚滚而来,那条街比较狭窄,马车又很宽,西夫拉克躲来躲去没有被马车撞倒,但还是被溅了一身泥巴和雨水。别人看见了,替他难过,还气得直骂,想喊那辆马车停下,讲理交涉。西夫拉克却喃喃地说:"别喊了,别喊了,让他们去吧。"马车走远了,他还呆呆地站在路边。他在想:路这么窄,行人又那么多,为什么不把马车的构造改一改呢?应当把马车顺着切掉一半,四个车轮变成前后两个车轮……他这样一想后,回家就动手进行设计。经过反复试验,1791年第一架代步的"木马轮"小车造出来了。这辆最早的自行车是木制的,它的结构比较简单,既没有驱动装置,也没有转向装置,骑车人靠双脚用力蹬地前行,改变方向时也只能下车搬动车子。即使这样,当西夫拉克骑着这辆自行车到公园兜风时,在场的人都颇为惊异和赞叹。

转雨伞

小明撑一把雨伞站在水平地面上,现将雨伞绕竖直伞杆作匀速旋转,伞边缘上的水滴落到地面,落点形成圆形,当地重力加速度大小为 g。根据以上数据推算伞边缘距地面的高度。

• **实验**

雨中玩一玩旋转雨伞,思考转动的雨伞抛洒的雨滴在地面形成的圆形与伞的转速关系。

• **思考与讨论**

1. 抽象表征

1.1 将水滴离开伞后看作平抛运动模型；

1.2 根据几何知识求出平抛运动的水平距离。

2. 赋值表征

2.1 设伞面边缘点所围圆形的半径为 R；

2.2 设雨伞绕竖直伞杆，以角速度 ω 作匀速旋转；

2.3 设落点形成一半径为 R' 的圆形；

2.4 设伞边缘距地面的高度为 h。

3. 图像表征

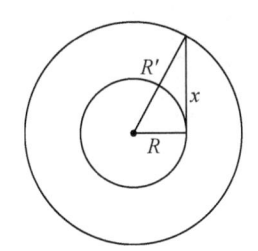

4. 方法表征

4.1 演绎推理法：通过几何知识判断位移关系；

4.2 理想化模型：把雨伞对雨滴的传动结构作理想化模型处理。

5. 物理表征

角速度与线速度关系公式，$v=\omega r$；

平抛水平运动 $x=vt$，竖直运动 $h=\dfrac{1}{2}gt^2$。

6. 数学表征

由图可知，水滴平抛的水平距离为 $x=\sqrt{R'^2-R^2}$；

水滴平抛运动的时间 $t=\dfrac{x}{v}=\dfrac{\sqrt{R'^2-R^2}}{\omega R}$；

由平抛运动竖直方向的自由落体可知，$h=\dfrac{1}{2}gt^2=\dfrac{1}{2}g\dfrac{R'^2-R^2}{\omega^2 R^2}$。

• **科学漫步**

雨伞

伞是一种遮阳或遮蔽雨、雪的工具，其一般用油纸、油布或塑料布等做成。

雨伞的英文 Umbrella 来自拉丁文的 Umbra，有遮阳、阴影处的意思。伞的制作材料通常包括具有延展性的布料、其他可用作骨架的材料与缠线等。伞使用时以手将之举起。虽然伞在最初发明时的主要目的是用来阻挡阳光，但其最常被当作雨天挡雨的工具。雨伞的其他作用包括作为装饰物、拐杖甚至兵器等使用。

火车转弯

火车转过一段弯道，某乘客利用桌面上的指南针与秒表，就能大略判断火车一段时间所行驶的转弯半径。请分析乘客是如何做到的。

• **实验**

找到指南针和秒表，模拟自己跑操场 1/4 圈，记下时间，观察指南针转过的角度,你能否想到如何求出自己的转弯半径?

● 思考与讨论

1. 抽象表征

1.1 将火车、乘客和器材看成圆周运动模型;

1.2 将火车、乘客和器材看成质点。

2. 赋值表征

2.1 设火车速度为 v;

2.2 设指南针时间 t 转过的角度为 θ;

3. 图像表征

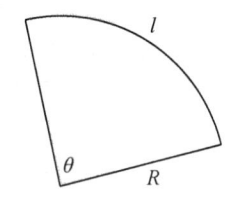

4. 方法表征

4.1 演绎推理法:几何知识判断角度关系;

4.2 理想化模型:把火车转弯过程作理想化模型处理。

5. 物理表征

火车匀速圆周运动,运动路程,$x=vt$;

火车转过的弧长为 $l=\theta R$。

6. 数学表征

由于火车的运动可看作匀速圆周运动,则可求得火车在时间 t 内的路程为 $s=vt$,即为转过的弧长。由火车转过的弧长为 $l=\theta R$,可解得:火车转弯半径 $R=\dfrac{l}{\theta}=\dfrac{vt}{\theta}$。

● 科学漫步

蒸汽机车的发明

第一部蒸汽机车是由英国人乔治·斯蒂芬森(1781—1848)制造的。1814年,他研制的第一辆蒸汽机车"布拉策号"试运行成功。1825年9月27日,斯蒂芬森亲自驾驶他同别人合作设计制造的"旅行者号"蒸汽机车,在新铺设的铁路上试车,并获得成功。蒸汽机在交通运输业中的应用,使人类迈入了"火车时代",其迅速扩大了人类的活动范围。中国是全球最后一个制造大型蒸汽机车的国家,位于山西的大同车辆厂一直生产蒸汽机车直至1988年。印度曾经大量使

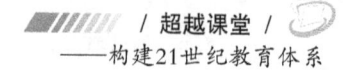

用蒸汽机车,但它们只会在空气稀薄的山区运行。2005年12月9日,在内蒙古大板附近的铁道边上,最后一列蒸汽机车执行完任务后,见证了中国蒸汽机车退出干线铁路运营的最后时光。

模型四:水平面内圆周运动

餐桌

如图是中国家庭中常见的团圆桌,餐桌上可放一个绕中心轴转动的圆盘。现近似认为餐桌与圆盘处于同一水平面内,忽略两者之间的间隙。现将某小物体放置在圆盘边缘,为使物体甩出圆盘后不滑落到地面,求餐桌半径 R 的最小值。

- **实验**

利用家里的大小菜盘仿餐桌进行试验,体会离心现象和观察测算速度多大时,物体会离开大菜盘。

- **思考与讨论**

1. 抽象表征

1.1 将物体在圆盘上转动看成圆周运动模型;

1.2　将物体飞离圆盘看成平抛运动模型；

1.3　将物体看成质点。

2. 赋值表征

2.1　设圆盘的半径为 R；

2.2　设圆盘以角速度 ω 作匀速旋转；

2.3　设餐桌是半径为 R' 的圆形；

2.4　设物体与圆盘的动摩擦因数为 μ_1，与餐桌的动摩擦因数为 μ_2；

2.5　设物体在餐桌上滑动的位移为 x，物体在餐桌上做匀减速运动的加速度大小为 a。

3. 图像表征

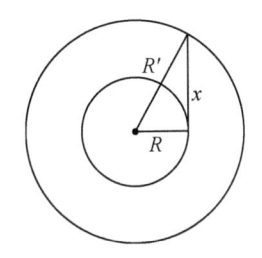

4. 方法表征

4.1　演绎推理法：通过几何知识判断位移关系；

4.2　理想化模型：通过理想化模型进行处理。

5. 物理表征

角速度与线速度关系公式，$v = \omega R$；

牛顿第二定律，$F = m\omega^2 R$。

6. 数学表征

当静摩擦力最大时，小物体即将滑落，此时圆盘的角速度达到最大，由牛顿第二定律得：

$f_m = \mu_1 N = mr\omega^2$；

$N = mg$；

两式联立可得：$\omega = \sqrt{\dfrac{\mu_1 g}{R}}$。

物体从圆盘上甩出的速度：$v = \omega R = \sqrt{\mu_1 g R}$，

由题意可得，当物体滑到餐桌边缘时，速度恰好减为零，对应的餐桌半径取最小值。

$a = \dfrac{f}{m}$，$f = \mu_2 mg$，所以：$a = \mu_2 g$；

物体在餐桌上滑动的初速度为：$v=\omega R=\sqrt{\mu_1 gR}$；

由运动学公式得：$v_t^2-v^2=-2ax$；

解得：$x=\dfrac{\mu_1 R}{2\mu_2}$。

由图形可得，餐桌半径的最小值为：$R'=\sqrt{x^2+R^2}=\sqrt{\left(\dfrac{\mu_1 R}{2\mu_2}\right)^2+R^2}$。

● 科学漫步

餐桌

餐桌的原意，是指专供吃饭用的桌子，其按材质可分为实木餐桌、钢木餐桌、大理石餐桌等。

大理石餐桌容易染污，清洁时应少用水，定期以微湿且带有温和洗涤剂的布擦拭，然后用清洁的软布抹干和擦亮。磨损严重的大理石家桌难以处理，可以用钢丝绒擦拭，然后用电动磨光机磨光，使它恢复光泽；或用液态擦洗剂仔细擦拭，可用柠檬汁或醋清洁污痕，但柠檬汁停留在上面的时间最好不超过2分钟，必要时可重复操作，然后清洗并使其干燥。对于轻微擦伤，可用专门的大理石清洁剂和护理剂擦拭。另外对于古旧或贵重的大理石餐桌，应请专业人员处理。

实木餐桌，其最大优点在于浑然天成的木纹与多变化的自然色彩。由于天然木是有机体材质，建议将其放置在温、湿度合宜的环境里，同时避免饮料、化学药剂或过热的物体放置在餐桌表面，以免损伤木质表面的天然色泽。若是美耐板材质，当污垢较多时，可利用稀释过的中性清洁剂佐以温水，先擦拭一次，再以清水擦拭，然后以柔软的干布擦去残留的水渍，待完全擦净后，再使用保养蜡磨亮，就算大功告成了。唯有重视日常的清洁与保养，才能使实木餐桌历久弥新。

甩衣机

日常生活中可以利用离心运动甩干衣物上的水分,如图已知甩干桶,试分析工作时转速与衣服重量的关系。

- **实验**

制作一个圆筒,模拟甩衣机进行实验,尝试让一张纸或一本书"挂"在筒壁上,分析转速与重物的关系。

- **思考与讨论**

1. 抽象表征

1.1 将甩衣机转动看成圆周运动模型;

1.2 将衣物看成质点。

2. 赋值表征

2.1 设衣物质量为 m;

2.2 设甩衣机干桶直径为 r;

2.3 设甩衣机干桶壁动摩擦因素为 μ;

2.4 设工作时转速为 n。

3. 图像表征

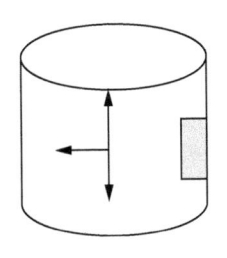

4. 方法表征

4.1 实验验证法:观察衣物能否挂在筒壁上;

4.2 理想化模型:衣物在水平面内做匀速圆周运动的模型。

5. 物理表征

对衣物受力进行分析,支持力提供向心力 $F=m\omega^2 r$;

竖直方向 $mg=f=\mu F$;

角速度与转速关系 $\omega=2\pi n$。

6. 数学表征

衣物转动的角速度 $\omega=2\pi n$;

衣物随甩干桶一起做匀速圆周运动,支持力提供向心力,则 $F=m\omega^2 r$;

衣物竖直方向 $mg=f=\mu F$;

衣物转速为 $n=\sqrt{\dfrac{g}{4\mu\pi^2 r}}$;

说明转速一定,则与衣物质量多少无关,可以完成甩干衣物工作。

• 科学漫步

脱水机

在选煤厂设计中,使用矿用离心机可以实现入料、出料的自动化,有利于实现整个选煤厂的自动控制。矿用离心机的工作目的都是将煤表面的水分,利用离心力的作用,使其从煤表面脱离,然后使用不同的方法将脱水后的物料排入出料口。在离心机中一个重要的组成部件就是筛篮。为了处理更多的物料,往往要使用具有大直径筛篮的机器。

煤矿中使用的离心脱水机,常用的有振动离心脱水机与刮刀卸料离心脱水机两种,二者的结构以及卸料方式是不同的。

工业用脱水机

模型五:圆锥摆类

花样滑冰

花样滑冰极具观赏性,其体现了力与美的融合。一个花样滑冰男运动员牵着另一个女运动员的手,使其恰好离开冰面做圆周运动时,分析男运动员对女运动员的拉力与女运动员的质量关系。

/三、曲线运动/

- **实验**

利用自身旋转带动一个重物转动,可以发现手臂拉力与物体质量的关系满足圆周运动特点。

- **思考与讨论**

1. 抽象表征

1.1 将花样滑冰转动看成圆周运动模型;

1.2 将女运动员看成质点。

2. 赋值表征

2.1 设女运动员质量为 m;

2.2 设他们的手简化为一个长为 L 的摆线;

2.3 设摆线 L 与竖直方向的夹角为 α。

3. 图像表征

4. 方法表征

4.1 演绎推理法:数学知识关系;

4.2 理想化模型:在水平面内做匀速圆周运动的模型。

5. 物理表征

女运动员在重力与拉力合力作用下做圆周运动,靠两个力的合力提供向心力。

6. 数学表征

女运动员在自身重力和男运动员的拉力共同作用下,做水平面内的匀速圆周运动,合力提供向心力。当摆线 L 与竖直方向的夹角为 α 时,男运动员对女运动员的拉力大小为：$F=mg\cos\alpha$。

• 科学漫步

花样滑冰

花样滑冰运动起源于 18 世纪的英国,后在德国、美国、加拿大等国家迅速开展。1772 年,英国皇家炮兵中尉罗伯特·琼斯(Robert Jones)撰写的《论滑冰》(A Treatise on Skating)在伦敦出版,这是世界上第一部有关花样滑冰的著作。当时举行的花样滑冰比赛是所谓的"英式风格"的,古板又正式,和现代花样滑冰相去甚远。

1863 年,被誉为"现代花滑之父"的美国人杰克逊·海因斯(Jackson Haines)将滑冰运动与舞蹈艺术融为一体,其在欧洲巡回表演,丰富了花样滑冰的内容和形式。1868 年,美国人丹尼尔·梅伊(Daniel Mey)和乔治·梅伊(George Mey)首次表演了双人滑。

1872 年,奥地利首次举办了花样滑冰比赛。1896 年,首次世界男子单人花样滑冰锦标赛在俄国彼得堡举行。

1906 年,首次世界女子单人花样滑冰锦标赛在瑞士达沃斯举行。

1924 年,花样滑冰被列为首届冬季奥运会的比赛项目。目前花样滑冰有男女单人滑、双人滑和冰上舞蹈四个比赛项目。

1952 年,首次世界冰上舞蹈锦标赛在法国巴黎举行。

高铁

高速铁路简称"高铁",是指通过改造原有线路(弯道直线化、轨距标准化)或新建线路,使其最高营运速度不低于每小时 200 千米。如图,若某列高铁在弯道转弯时由于轨道面倾斜使得车体倾斜,恰好轨道内外侧都无挤压,分析此时火车转弯时的标准速度是多少?

● **实验**

利用单车转弯模拟这一种运动模型,感受速度太慢或太快带来的影响。

● **思考与讨论**

1. 抽象表征

1.1 将火车转弯看成圆周运动模型;

1.2 将火车看成质点。

2. 赋值表征

2.1 设弯道半径为 R;

2.2 设车体倾斜角度为 θ。

3. 图像表征

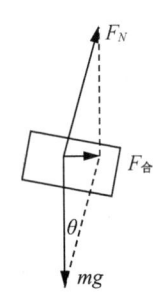

4. 方法表征

4.1 演绎推理法:数学知识关系;

4.2 理想化模型:质点在圆锥水平面内做匀速圆周运动的模型。

5. 物理表征

火车高速转弯,恰好轨道内外侧都无挤压时,拐弯所需要的向心力由支持力和重力的合力提供。

6. 数学表征

转弯时轨道内外侧都无挤压,火车只受到 mg 和垂直轨道面的弹力 F_N 作用,合力大小为 $F_合 = mg\tan\theta$ ①

合力给火车提供转弯所需的向心力 $F_合 = \dfrac{mv^2}{R}$ ②

由①②两式可求得: $v = \sqrt{gR\tan\theta}$。

● **科学漫步**

高铁

高速铁路,就是设计标准等级高、能让列车高速运行的铁路系统。世界上第一条正式的高速铁路系统是1964年建成通车的日本东海道新干线,沟通了东京、名古屋和大阪所在的日本三大都市圈,促进了日本的高速发展。其设计速度为200 km/h,因此高速铁路的初期速度标准就是200 km/h。后来随着技术进步,速度更快,不同时代不同国家就对高速铁路有了不同定义,并根据本国情况规定了各自高速铁路级别的详细技术标准,其涉及的列车速度、铁路类型等就不尽相同。

中国高速铁路一般采用无砟轨道,也有少部分采用有砟轨道。中国高铁线路运营速度达250 km/h以上的电力动车组列车,车次以"G、D、C字母开头",车辆分为CRH和CR系列车型。

中国高铁目前仅限于国铁路线,尽管上海磁悬浮轨道线的设计速度达430 km/h,超过任何国铁速度标准,但因没有国铁性质,其既不受国家铁路部门的管理,也没有接入国家铁路网,所以不计入常规高速铁路的范畴。

模型六:竖直面圆周运动

拱形桥

我们常常在公园或古村落中见到拱形桥,如图所示。一辆小汽车,经过拱形桥最高点,为保证安全,小汽车经过桥顶时不能离开桥面,则此时其最大的速度为多少?

• **实验**

制作一个拱形桥,利用物理小车和打点计时器模拟小车飞起来的情景,测出它的速度,解释物理小车为什么会飞起来(离心现象)。

●思考与讨论

1. 抽象表征

1.1 将小车看成质点；

1.2 将拱形桥看成圆周模型(外轨道)。

2. 赋值表征

2.1 设拱形桥弯道半径为 R；

2.2 设小车质量为 m。

3. 图像表征

4. 方法表征

4.1 分析法:满足小车飞起来的条件；

4.2 理想化模型:质点在竖直面内做圆周运动的模型。

5. 物理表征

小车经过桥顶的最大允许速度须满足条件。

6. 数学表征

小车经过桥顶的最大允许速度满足 $mg = m\dfrac{v^2}{R}$，

即速度最大为 $v = \sqrt{gR}$。

●科学漫步

拱形桥

拱形桥是半圆凸弧的桥梁,主要材料是圬工、钢筋砼等,其适用范围视材料而定。拱形桥跨径从几十米到三百多米都有,中国最大跨径钢筋砼拱桥为170米。拱肋为主要承重构件,受力特点为拱肋承压、支撑处有水平推力。

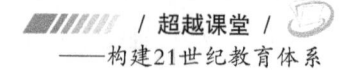

优点：跨越能力较大。与钢桥及钢筋砼梁桥相比，拱形桥可以节省大量钢材和水泥；使用耐久，且养护、维修费用少；外形美观；构造较简单，有利于广泛采用。

缺点：由于它是一种推力结构，对地基要求较高；对多孔连续拱桥，为防止一孔破坏而影响全桥，要采取特殊措施或设置单向推力墩以承受不平衡的推力，这样就增加了工程造价；在平原地区修拱桥，由于建筑高度较大，使桥两头的接线工程和桥面纵坡量增大，对行车极为不利。

过山车

如图所示是游乐场中过山车的实物图片，通过计算说明过山车顺利通过最高点的条件。

- **实验**

利用过山车模型，从斜面不同高度冲下来，观察什么情况下可以过最高点，找出 H 与 R 的关系。

- **思考与讨论**

1. 抽象表征

1.1 将小车看成质点；

1.2 将模型理想化（圆形轨道与斜轨道之间平滑连接，不计摩擦和空气阻力）。

2. 赋值表征

2.1 设圆形轨道半径为 R；

2.2 设小车质量为 m；

2.3　设斜面高度为 H。

3. 图像表征

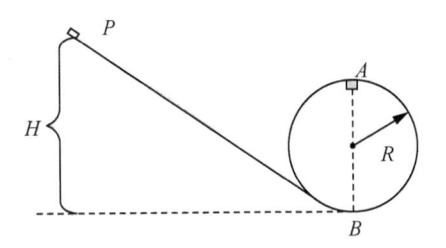

4. 方法表征

4.1　分析法：满足小车飞起来的条件；

4.2　理想化模型：质点在竖直面内做圆周运动的模型。

5. 物理表征

小车经过桥顶的最大允许速度满足 $mg=m\dfrac{v^2}{R}$ 功能关系，重力势能转化为动能。

6. 数学表征

小车经过桥顶的最大允许速度满足 $mg=m\dfrac{v^2}{R}$，

即速度最大为 $v=\sqrt{gR}$。

临界条件 $mg(H-2R)=\dfrac{1}{2}mv^2$ 时，即 $H=\dfrac{5}{2}$ 时，小车能够通过圆形轨道最高点的条件为 $H\geqslant\dfrac{5}{2}R$。

• 科学漫步

过山车

一个基本的过山车构造中，包含了爬升、滑落、倒转（儿童过山车没有倒转）结构，其轨道的设计不一定是一个完整的回圈，也可以设计成车体在轨道上的运行方式为来回移动。大部分过山车的单个乘坐车厢可容纳 2 人、4 人或 6 人、8 人，这些车厢利用钩子相互联结起来，就像火车一样。从最基本的层面来看，过山车不过是一部利用重力和惯性使列车沿蜿蜒轨道行进的机器。电影《死神来了3》中，宣称过山车的事故率约为 1/2.5 亿。而现实生活中，真正的事故率数字可能还更低。根据美国消费者产品安全委员会（CPSC）和六旗游乐园（Six Flags）的调查显示，2001 年搭乘过山车的死亡率约为 1/15 亿。

/ 超越课堂 /
——构建21世纪教育体系

> 回到课堂
> ——物理情景建模分析

四、我和空间

"东方红一号"卫星，是中国发射的第一颗人造地球卫星，于1970年4月24日在酒泉卫星发射中心成功发射，由此开创了中国航天史的新纪元，使中国成为继苏、美、法、日之后世界上第五个独立研制并发射人造地球卫星的国家。

"东方红一号"卫星重173千克，由长征一号运载火箭送入近地点441千米、远地点2 368千米、倾角68.44度的椭圆轨道。它测量了卫星工程参数和空间环境，并进行了轨道测控和《东方红》乐曲的播送。"东方红一号"卫星在运行28天后（设计寿命为20天），至1970年5月14日停止发射信号，《东方红》乐曲停止播放，结束了其工作寿命。不过，卫星的轨道寿命并没有结束，至今"东方红一号"卫星仍在空间轨道上运行。

半个世纪过去了，当年"东方红一号"工程带动的技术、工艺早已更新换代，工程亲历者们也已白发苍苍，但它留下的航天精神却不断传承，成为一代代航天人心中的精神支柱。

"北斗三号"卫星总设计师王平并没有直接参加东方红卫星的研制，但在北斗卫星的研制过程中，他时刻感受着东方红卫星的精神引领与激励。他说，在北斗卫星研制中，我国始终秉承自力更生、自主可控理念。国产太阳翼、太阳翼驱动机构、动量轮、红外地球敏感器等设备在"北斗一号"卫星上首先使用，使我国长寿命卫星的国产化能力大幅度提高；"北斗二号"卫星积极推动国产长寿命陀螺和高精度铷原子钟的研制和应用，不仅摆脱了相关产品依赖进口的局面，也使得我国相关产品研制水平大幅提高。

参考资料：

[1] 东方红一号卫星.中央政府门户网站,2006-10-21。

[2] 东方红一号:开启中国航天时代.科学新闻,2018-11-13。

模型一：万有引力与重力关系

飞船环绕

宇航员在月球上做自由落体实验,根据信息推测,飞船在月球表面附近绕月球做匀速圆周运动所具备的速率为多少?

• **实验**

测地球表面的重力加速度。使用手机中的传感器应用软件,让手机在1米高处下落,记录下落地时间,即可求得地球表面重力加速度。

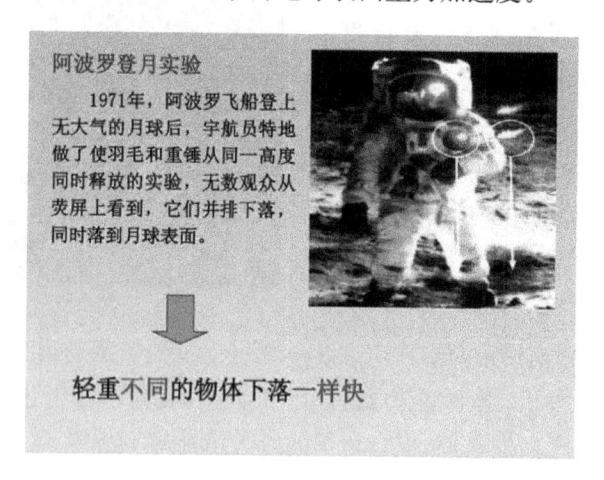

阿波罗登月实验

1971年,阿波罗飞船登上无大气的月球后,宇航员特地做了使羽毛和重锤从同一高度同时释放的实验,无数观众从荧屏上看到,它们并排下落,同时落到月球表面。

轻重不同的物体下落一样快

• **思考与讨论**

1. 抽象表征

1.1 将月球看成中心天体;

1.2 将飞船看成质点。

2. 赋值表征

2.1 设月球表面的重力加速度为 g';

2.2 设月球的半径为 R;

2.3 设月球、飞船的质量分别为 M、m。

3. 图像表征

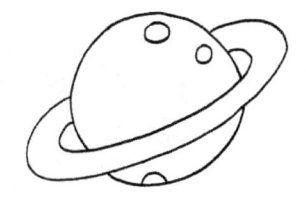

4. 方法表征

4.1　分析法:地球对地表附近物体的万有引力称为重力;

4.2　理想化模型法:将问题建模为"地球上的万有引力与重力关系模型"。

5. 物理表征

不计星球的自转影响,则在星球表面的万有引力等于重力。

根据万有引力提供向心力可知,$G\dfrac{Mm}{R^2}=m\dfrac{v^2}{R}$。

6. 数学表征

飞船在月球表面附近做匀速圆周运动可得,$G\dfrac{Mm}{R^2}=m\dfrac{v^2}{R}$;

在月球表面附近 $mg'=\dfrac{GMm}{R^2}$;

联立得 $v=\dfrac{\sqrt{2Rh}}{t}$。

● 科学漫步

飞船环绕

宇宙飞船(英语名为 Space Craft,Spaceship),是一种运送航天员、货物到达太空并安全返回的航天器。宇宙飞船可分为一次性使用与可重复使用两种类型。用运载火箭把飞船送入地球卫星轨道运行,然后其再入大气层。飞船上除有一般人造卫星基本系统设备外,还有生命维持系统、重返地球的再入系统,回收登陆系统等。[1]

世界上第一艘载人飞船是苏联的"东方"1号宇宙飞船,于1961年4月12日发射。它由两个舱组成,上面的是密封载人舱,又称航天员座舱。这是一个直径为2.3米的球体。舱内设有能保障航天员生活的供水、供气生命保障系统,以及控制飞船姿态的姿态控制系统、测量飞船飞行轨道的信标系统、着陆用的降落伞回收系统和应急救生用的弹射座椅系统。[2]另一个舱是设备舱,它长3.1米,直径为2.58米。设备舱内有使载人舱脱离飞行轨道而返回地面的制动火箭系统,供应电能的电池、储气的气瓶、喷嘴等系统。"东方"1号宇宙飞船总质量约为4 700千克。它和运载火箭都是一次性的,只能执行一次任务。

1966年3月17日,"双子星座"8号的宇航员进行了首次太空对接。之后不久,由于飞船损伤系统突然失灵,宇航员们不得不进行紧急着陆处理。宇航员尼尔·阿姆斯特朗和戴维·斯考特在计划为期3天的飞行使命中的第5圈飞行时,操纵其双子星座封舱与阿金纳号宇宙飞船对接成功。半小时后,双子星号密封舱开始旋转并失去控制。接着,宇宙飞船上12只小型助推火箭中的一只因不明原因起火。宇航员随即将其飞行器与阿金纳号分离,并成功地在太平洋上降落。

参考文献:

[1] 韩明安. 新语词大词典[M]. 哈尔滨:黑龙江人民出版社,1991.7.

[2] 宗河. 当代宇宙飞船的发展[J]. 科技术语研究,2004(3):42-45.

Gliese581c

科学家们在太阳系外发现了一颗围绕"Gliese581"红矮星运行的宜居行星"Gliese581c",又称"超级地球",它或许可以让人类"拎包即住"。请分析在该星球上人的重量是地球的多少倍。

●**实验**

模拟测量 Gliese581c 天体的重力。

●**思考与讨论**

1. 抽象表征

1.1　将 Gliese581c 看成中心天体；

1.2　将地表物体看成质点。

2. 赋值表征

2.1　设地表附近物体绕 Gliese581c 运行周期为 T；

2.2　设 Gliese581c 的直径为 R；

2.3　设 Gliese581c 的质量为 M。

3. 图像表征

4. 方法表征

4.1　分析法：地表附近万有引力等于重力；

4.2　理想化模型法：将问题建模为"地球上的万有引力与重力关系模型"。

5. 物理表征

不计星球的自转影响，则在星球表面的万有引力等于重力；

根据万有引力提供向心力可知，$G\dfrac{Mm}{R^2}=m\dfrac{4\pi^2 R}{T^2}$。

6. 数学表征

根据万有引力提供向心力可知 $G\dfrac{Mm}{R^2}=m\dfrac{4\pi^2 R}{T^2}$，可得中心天体质量 $M=\dfrac{4\pi^2 R^3}{GT^2}$；

不计星球的自转影响，则在星球表面的万有引力等于重力 $mg=\dfrac{GMm}{R^2}$；

联立以上式子得：$g=\dfrac{4\pi^2 R}{T^2}$。若已知地球重力加速度，将其相比即可得到重力倍数。

•科学漫步

Gliese581c

一些天文学家认为，Gliese581c 存在液态水的结论还为时尚早。美国宇航局退休天文学家、美国天文学会发言人史蒂夫·马兰(Steve Maran)说："在确定它有水或没水之前，还需要从事更多的研究。你不要想当然认为，向那里派出太空人后，他们将会拥有返回地球所需要的足够的水。"

Gliese581c 行星所在的恒星系距地球仅 20.5 光年，Gliese 581 是距地球最近的 100 颗恒星中的一颗。Gliese581 恒星发出非常暗淡的光，不用望远镜根本无法看到它。它位于天秤座，在北半球进入半夜时，天秤座处于东南夜空中较低的位置。在没有飞向这颗新行星之前，有必要记住几点忠告：任何踏上 Gliese581c 行星的人都会很快变重，年龄也会飞涨，因为 Gliese581c 行星每 13 天就绕其恒星转一圈。它的地心引力是地球的 1.6 倍，这样的话，一个 150 磅重的人会觉得自己有 240 磅重。

尤德里认为，这颗红矮星将以比我们的月球大 20 倍的样子悬挂在空中。新行星不会旋转，如此一来，它的一侧总是处于被日光照射的状态；另一侧却黑暗无光。上述推测只是一种可能，是否准确尚不得而知。遥远的距离是另一个问题。史蒂夫·马兰说："我们不清楚在人的一生中如何才能到达那些地方。"

参考资料：

［3］ Gliese 581c, https://baike.baidu.com/item/Gliese%20581c/3746709?fromtitle=Gliese581c&fromid=3800497&fr=aladdin.

天问一号

2020 年 7 月 23 日，我国用长征五号运载火箭成功发射火星探测器"天问一号"。请分析如何获得火星表面的重力加速度。

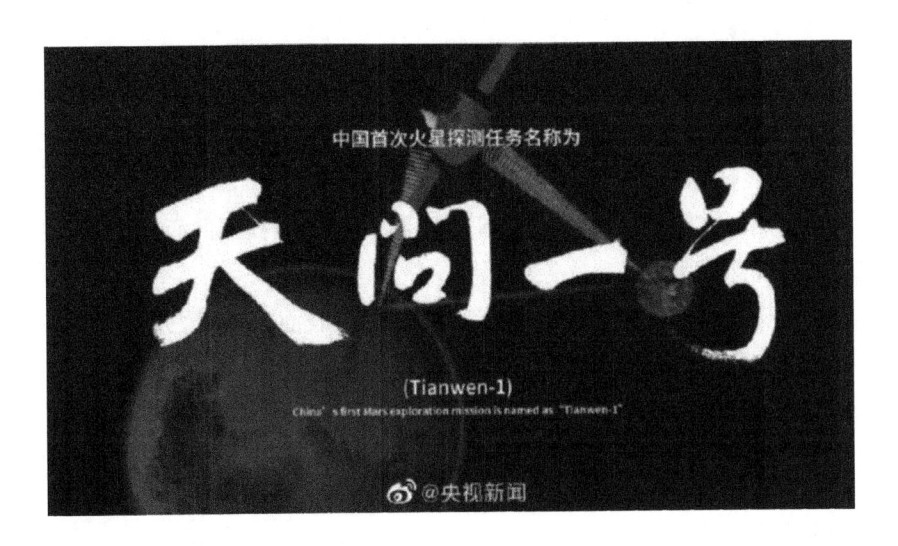

• **实验**

测出火星的直径：用一个硬币，测出硬币的直径，把硬币放在距离人眼一定位置的地方，使得硬币正好把整个火星遮住。那么利用我们学过的三角形相似知识就可以测出火星的直径。

• **思考与讨论**

1. 抽象表征

1.1　将火星看成中心天体；

1.2　将"天问一号"看成质点。

2. 赋值表征

2.1　设天文观测到的火星半径为 R；

2.2　设"天问一号"距离地面 h 高处环绕火星飞行；

2.3　测出"天问一号"飞行 N 圈的用时为 t。

3. 图像表征

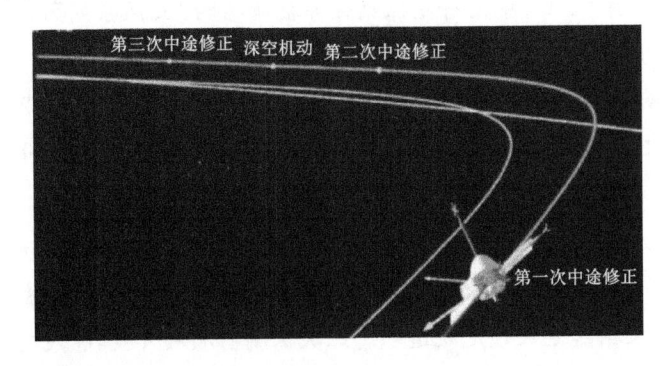

4. 方法表征

4.1 分析法:地表附近万有引力等于重力;

4.2 理想化模型法:将问题建模为"星球上的万有引力与重力关系模型"。

5. 物理表征

火星探测器在火星表面做匀速圆周运动,万有引力提供向心力,根据线速度的定义求解线速度大小。

根据牛顿第二定律列式求解质量。根据火星表面上质量为 m' 的物体受到的万有引力和重力相等,求解火星表面的重力加速度。

6. 数学表征

火星探测器飞行 N 圈的用时为 t,故速度为:$v=\dfrac{s}{t}=\dfrac{N\cdot 2\pi(R+h)}{t}=\dfrac{2\pi N(R+h)}{t}$。

假设火星探测器的质量为 m,探测器受到的万有引力提供向心力,$G\dfrac{Mm}{(R+h)^2}=m\dfrac{v^2}{R+h}$,选项结果联立解得火星的质量为:$M=\dfrac{4\pi^2 N^2(R+h)^3}{Gt^2}$。

根据火星表面上质量为 m' 的物体受到的万有引力和重力相等,即 $G\dfrac{Mm'}{R^2}=m'g'$,解得火星表面的重力加速度为:$g'=\dfrac{4\pi^2 N^2(R+h)^3}{t^2 R^2}$。

• 科学漫步

天问一号

"天问"是中国行星探测任务的名称,该名称源于屈原的长诗《天问》,表达了中华民族对真理追求的坚韧与执着,体现了对自然和宇宙空间探索的文化传承,寓意探求科学真理征途漫漫,追求科技创新永无止境。[1]

2020 年 4 月 24 日,中国行星探测任务被命名为"天问系列",首次火星探测任务被命名为"天问一号",后续行星任务依次编号[1]。7 月 14 日,从中国空间技术研究院获悉,"天问一号"已经运抵文昌航天发射场[2]。7 月 22 日,中国火星探测工程正式对外发布"中国首次火星探测任务天问一号 1∶1 着陆平台和火星车"[3]。

2020 年 7 月 23 日 12 时 41 分,长征五号运载火箭托举着中国首次火星探测任务"天问一号"探测器,在中国文昌航天发射场点火升空[4]。火箭飞行约 2167 秒后,成功将探测器送入预定轨道[5]。此次探测器顺利升空,将飞行约 7 个月后抵达火星,并通过 2 至 3 个月的环绕飞行后着陆火星表面,开展探测任务。着陆后对火星的表面形貌、土壤特性、物质成分、水冰、大气、电离层、磁场等进行科学探测,实现我国在深空探测领域的技术跨越。

参考资料:

[1] 定了!中国首次火星探测任务命名为"天问一号".央视新闻。

[2] 中国首次火星探测任务即将开展,"天问一号"已运抵发射场.中新网。

[3] 酷!中国首辆火星车来了.央视新闻。

[4] 向着火星,出发.新华网。

[5] 中国航天科工助力"天问一号"开启探火之旅.国家国防科技工业局。

探月

若宇航员在某星球表面,如何估测出该星球表面重力加速度和平均密度。

- **实验**

测出月亮的直径:利用小孔成像原理,根据三角形相似定理,像(光斑)直径/月亮直径=光斑平面到小孔距离/月地距离,经过变式就可求得月球直径;或当

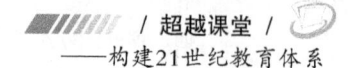

我们知道了月球与地球间的距离,我们就可以测量出月球直径的大小。

• **思考与讨论**

1. 抽象表征

1.1 将月亮看成中心天体;

1.2 将一个做平抛实验的物体看成质点。

2. 赋值表征

2.1 设天文观测到的月球直径为 R;

2.2 设一小球从离地面 h 高处以初速 v_0 水平抛出;

2.3 测出小球落地点与抛出点间的水平位移为 s。

3. 图像表征

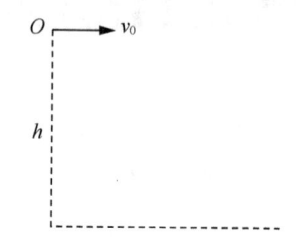

4. 方法表征

4.1 分析法:地表附近万有引力等于重力;

4.2 理想化模型法:将问题建模为"星球上的万有引力与重力关系模型"。

5. 物理表征

根据平抛运动的规律解出星球表面的重力加速度;

不计星球的自转影响,则星球表面的万有引力等于重力;

根据密度的定义式计算星球的密度。

6. 数学表征

小球做平抛运动;

水平方向: $s = v_0 t$;

竖直方向: $h = \frac{1}{2} g t^2$;

解得: $g = \dfrac{2 h v_0^2}{s^2}$。

不计星球的自转影响,则在星球表面的万有引力等于重力, $mg = \dfrac{GMm}{R^2}$。

联立以上式子得:

星球的密度: $\rho = \dfrac{M}{\frac{4}{3}\pi R^3}$,

解得:$\rho = \dfrac{3hv_0^2}{2\pi GRs^2}$。

● **科学漫步**

月球

月球,天体名称,人类肉眼所见并称为月亮,中国古时又称太阴、玄兔、婵娟、玉盘等,是地球的卫星,并且是太阳系中第五大的卫星。月球直径大约是地球的四分之一,质量大约是地球的八十一分之一。其表面布满了由小天体撞击形成的撞击坑。月球与地球的平均距离约38.44万千米,大约是地球直径的30倍。

2019年5月16日,中国科学院国家天文台宣布,由该台研究员李春来领导的研究团队利用"嫦娥四号"探测数据,证明了月球背面南极-艾特肯盆地存在以橄榄石和低钙辉石为主的深部物质。国际学术期刊《自然》(Nature)在线发布了这一重大发现。[1]

月球是人类第一个登陆过的地外天体。1958年,美国和苏联发射的月球探测器都宣告失败。1959年,苏联和美国分别成功发射了"月球号"和"先驱者号"月球探测器。1969年,美国的"阿波罗-11"号实现了人类首次载人登月,相继阿波罗-12、14、15、16和17号实现载人登月,一共有12名美国宇航员登上月球并开展科学考察、采集月球样品和埋设长期探测月球的科学仪器等,共带回地球381.7千克月球样品,大大增长了人类对月球起源、演化的认识。迄今为止人类只有这12名美国宇航员登上了地球以外的天体。[3]

2018年4月,NASA公布了一段由月球轨道探测器收集的数据制作而成的视频。这段视频中的数据由月球勘测轨道飞行器(LRO)历时九年收集而成。该探测器自2009年6月以来,一直在距月表上方50千米处对月球展开观察,捕捉到月球表面前所未见的细节。[2]

2019年1月3日10点26分,由于"嫦娥四号"探测器在月球背面东经

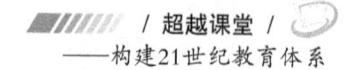

177.6度、南纬45.5度附近的预选着陆区成功着陆,世界第一张近距离拍摄的月背影像图通过"鹊桥"中继星传回地球,这揭开了古老月背的神秘面纱。[4]

2019年1月3日,嫦娥四号月球车被命名为"玉兔二号"。[5]

参考资料:

[1] 嫦娥四号在月背发现了这个 美苏探月都没能做到.海外网。

[2] 五分钟带你领略月球之美 捕捉表面前所未见的细节.新浪科技。

[3] 维基百科:月球。

[4] 嫦娥四号成功着陆月背!传回世界首张近距拍摄月背影像图.人民日报。

[5] 定了!嫦娥四号成功落月 月球车命名"玉兔二号".每日经济网。

我国首次太空授课

航天员王亚平在"天宫1号"飞船内进行了我国首次太空授课,演示了一些完全失重状态下的物理现象。请分析飞船所在处的重力加速度大小。

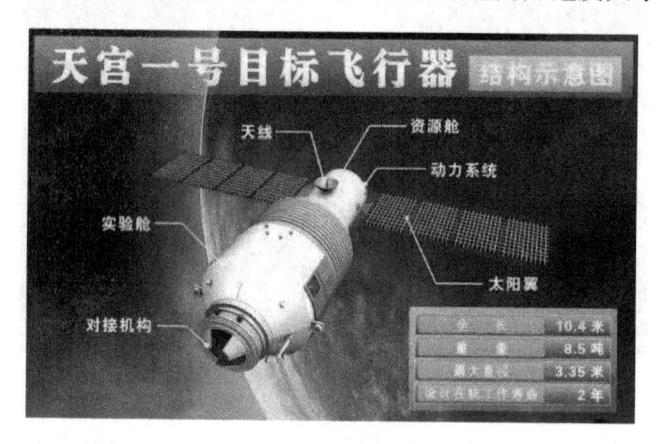

- **实验**

在一个塑料瓶下部侧面挖一个小孔,在瓶中装大半瓶水。发现不盖盖子水会射出,盖上盖子就不流了。之后打开盖子,此时水射出,从高处松手使其做近似的自由落体运动,发现该过程中没有水射出。

- **思考与讨论**

1. 抽象表征

   1.1 将地球看成中心天体;

   1.2 将飞船看成质点。

2. 赋值表征

   2.1 设飞船质量为 m;

2.2　设飞船距地面高度为h；

2.3　设地球质量为M，半径为R。

3. 图像表征

4. 方法表征

4.1　分析法：环绕天体受到的万有引力等于重力；

4.2　理想化模型法：将问题建模为"万有引力与重力关系模型"。

5. 物理表征

飞船在距地面高度为h的位置，万有引力等于重力。

6. 数学表征

飞船在距地面高度为h处时，由万有引力等于重力得：$\dfrac{GMm}{(R+h)^2}=mg$，

解得：$g=\dfrac{GM}{(R+h)^2}$。

● 科学漫步

太空授课

北京时间2013年6月20日上午10点，神十航天员王亚平在太空给地面的学生讲课，此次太空授课主要面向中小学生，使学生了解微重力条件下物体运动的特点和液体表面张力的作用，加深对质量、重量以及牛顿定律等基本物理概念的理解。航天员将进行在轨讲解和实验演示，并与地面师生进行双向互动交流。[1]

质量测量

在失重的太空，地面的测重不再奏效。"那么，航天员想知道自己是胖了还是瘦了？怎么称重呢？"太空教师王亚平问。

在"神舟十号"，有一样专门的"质量测量仪"。"太空授课"的助教聂海胜将自己固定在支架一端，王亚平将连接运动机构的弹簧拉到指定位置。松手后，拉力使弹簧回到初始位置。这样，就测出了聂海胜的重量——74千克。

/ 超越课堂 /
——构建21世纪教育体系

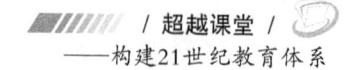

对这个问题,王亚平就有解释,"其实,就是牛顿第二定律 $F=ma$"。也就是说,物体受到的力=质量×加速度。如果知道力和加速度,就可算出质量。"弹簧凸轮机构,产生恒定的力,也就是刚才将助教拉回至初始位置的力。此外,还设计一个光栅测速系统,可测出身体运动的加速度"。

特级教师骆兴高:用光栅测速装置测量出支架复位的速度 v 和时间 t,计算出加速度($a=v/t$),就能够计算出物体的质量($m=F/a$)。牛顿第二定律是一个在一切惯性空间内普遍适用的基本物理定律,不因物体的引力环境、运动速度而改变,因此在太空和地面都是成立的。[2]

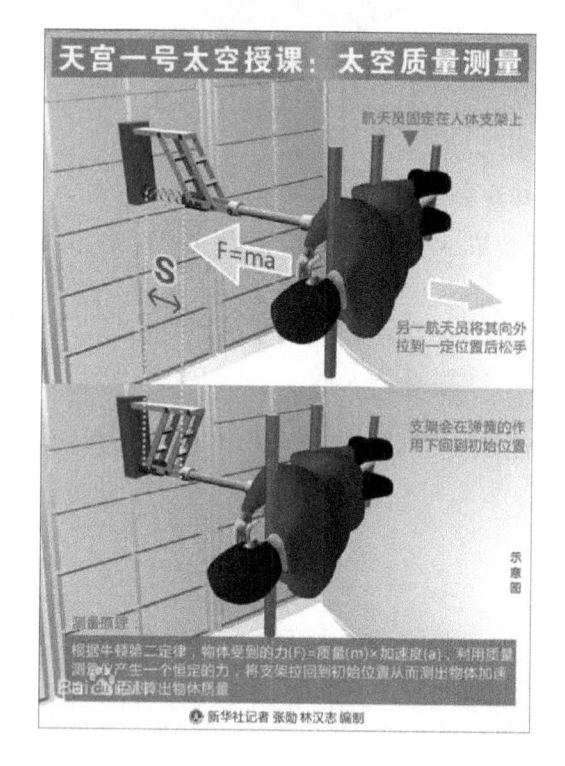

参考资料:
[1] 我国首次太空授课结束 全国6000余万名师生收听收看(图). 揭阳新闻。
[2] 神十航天员太空授课时间待定,将全程直播. 中国网。

模型二:开普勒定律

天王星冲日现象

2019年10月28日,发生了天王星冲日现象,即太阳、地球、天王星处于同一直线,此时是观察天王星的最佳时间。请分析天王星与太阳的距离是多少。

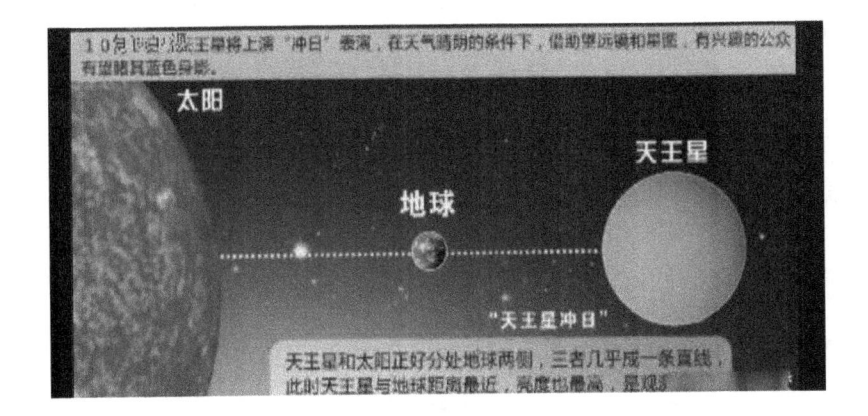

• 实验

地球绕太阳的公转周期,也就是回归年的时间间隔,这在古代编制历法的时候就需要对其进行测量。最著名的是郭守敬自1276年起历时4年在河南登封古观象台测量的数据(其实就是用圭表测量冬至与夏至之间正午太阳影长的变化,收集多年数据进行归算),得出回归年的时间是365.242 5。郭守敬编制了当时最先进的《授时历》,与格里高利历回归年长度一致,但早于格里高利历几百年。

• 思考与讨论

1. 抽象表征

1.1 将太阳看成中心天体;

1.2 将地球、天王星看成环绕太阳的质点。

2. 赋值表征

2.1 设日地距离为 R_0;

2.2 设天王星和地球的公转周期分别为 T 和 T_0;

2.3 设天王星与太阳的距离为 R。

3. 图像表征

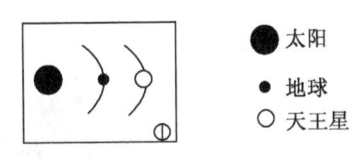

4. 方法表征

4.1 分析法:太阳的引力提供地球、天王星做圆周运动的向心力;

4.2 理想化模型法:将问题建模为"开普勒定律"。

5. 物理表征

天王星、地球绕太阳做匀速圆周运动。

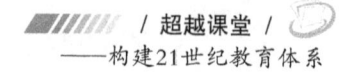

根据开普勒第三定律可知,半长轴的三次方与周期平方的比值是常量。

6. 数学表征

天王星、地球绕太阳做匀速圆周运动。

根据开普勒第三定律可知,$\dfrac{R^3}{T^2}=\dfrac{R_0^3}{T_0^2}$。

解得天王星与太阳的距离为 $R=\sqrt[3]{\dfrac{T^2}{T_0^2}}R_0$。

●科学漫步

天王星冲日

天王星冲日是指天王星和太阳正好分处于地球的两侧,三者几乎成一条直线。此时,天王星与地球距离最近,亮度也最高,是一年中观看天王星的最佳时机。每隔369.393 93天有一个会合周期,每个会合周期都可看到一次天王星冲日,即每隔85年可以看到84次天王星冲日。[1]

一般来讲,冲日时,行星最亮,也最适宜观测。这次天王星冲日,它与地球的距离大约为19个天文单位(28.56亿千米)。这时它的亮度可达5.7等,位于宝瓶座天区内。虽然高于肉眼可见的极限星等,但要想在茫茫星海中找到它,还是需要借助天文望远镜的。据江苏省天文学会通报,八大行星之一的天王星"冲日",作为距离太阳第二远的行星,冲日时天王星的亮度是5.7,这就意味着在观测条件很好的地方,我们不用望远镜也能用肉眼隐约见其"芳容"。但城市的夜晚光源众多,很难找到理想观测点。资深天文爱好者可在天文望远镜和星图的帮助下,仔细观测这颗闪亮的"天王"。

据天文专家介绍,天王星公转轨道的平均半径为19.2个天文单位。其半径是地球的4倍左右,但由于它是气体行星,比重比较小,所以质量只有地球的17倍左右。与海王星相比,天王星与我们的距离要近得多,因此它也要亮一些。作为远地行星的天王星,冲日时与平时相比,亮度变化不大,相位变化也完全可以忽略,所以并不一定冲日时才是观测的最佳时机。

在分辨率较高、焦距较长的天文望远镜里,天王星是一个有着淡蓝色视圆面的天体。由于天王星绕太阳公转一周需要84年左右的时间,它相对背景星空移动的速度是非常缓慢的,近几年天王星都位于亮星不多的宝瓶座天区。

眼下,太阳在傍晚时分从西方地平

线落下,天王星正好从东方升起,直到第二天日出时才从西方落下,因此整夜均可观测。观测地点最好选在避开强光源的视野开阔之处,比如郊外或者山顶等地。观测时可在天文望远镜和星图帮助下,从星空中辨认出天王星。

参考资料:

[1] 天象:10日天王星冲日.新浪网。

地球同步卫星

利用三颗位置适当的地球同步卫星,可使地球赤道上任意两点之间保持无线电通信。假设地球的自转周期变小,若仍仅用三颗同步卫星来实现上述目的,则地球自转周期的最小值约为多少。

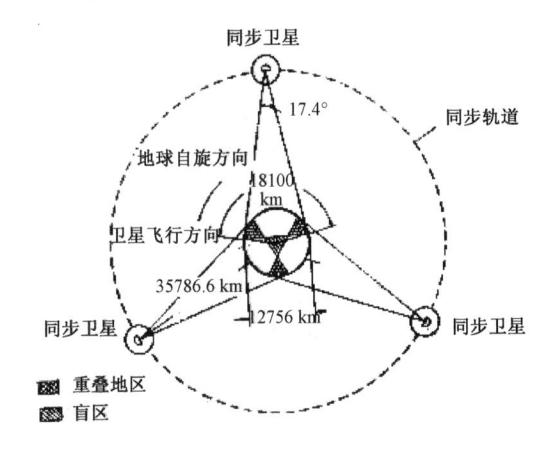

- **实验**

同步卫星的拍摄:需要一架曝光几分钟时长的相机,这个时间足以让恒星随地球自转而在照片上产生星轨,这样就能很容易从照片上分辨出同步卫星来(只是一个点)。拍照时最好用 100~200 mm 的长焦镜头,因为这样成像更锐利、清晰,曝光时长用 2~4 分钟为宜。照片拍好后,放大相片查看就会发现,画面中有很多长长的星轨(恒星形成的),还有不动的小光点——这就是同步卫星啦!

- **思考与讨论**

1. 抽象表征

1.1 将地球看成中心天体;

1.2 将同步卫星看成随地球自转的质点。

2. 赋值表征

2.1 设地球的半径为 R;

2.2 设地球的正常自转周期为 T,变小周期为 T_0;

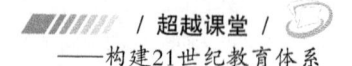

2.3 地球同步卫星的轨道半径为 r，变小周期为 r'。

3. 图像表征

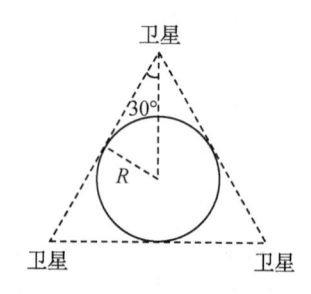

4. 方法表征

4.1 分析法：万有引力提供同步卫星做圆周运动的向心力；

4.2 理想化模型法：将问题建模为"开普勒定律"。

5. 物理表征

同步卫星转动周期等于地球的自转周期。

地球自转周期减小时，地球同步卫星的运动周期减小，当运动轨迹半径最小时，周期最小。

由三颗同步卫星可使地球赤道上任意两点之间保持无线电通信，可求得最小半径，再结合开普勒第三定律可求得周期。

6. 数学表征

由 $\dfrac{GMm}{R^2}=m\dfrac{4\pi^2 R}{T^2}$ 公式可知，做圆周运动的半径越小，则运动周期越小。

由几何关系可知，地球同步卫星的轨道半径为 $r'=2R$。

由开普勒第三定律 $\dfrac{r^3}{T^2}=k$ 得：$T_0=T\sqrt{\dfrac{r'^3}{r^3}}$。

• 科学漫步

卫星定位

卫星定位系统是一种使用卫星对某物进行准确定位的技术，它从最初的定位精度低、不能实时定位、难以提供及时的导航服务等，发展到现今的高精度全球定位系统，实现了在地球上任意时刻、任意一点都可以同时观测到 4 颗卫星，满足实现导航、定位、授时等功能要求。

卫星定位可以用来引导飞机、船舶、汽车以及个人等，让上述交通工具及行人等可以安全、准确地沿着选定的路线，准时到达目的地。卫星定位还可以应用到手机追寻等功能中。[1]全球定位系统的主要用途：① 陆地应用，主要包括车辆导航、应急反应、大气物理观测、地球物理资源勘探、工程测量、变形监测、地壳运动监测、市政规划控制等；② 海洋应用,包括远洋船只最佳航程航线测定、船只实时调度与导航、海洋救援、海洋探测、水文地质测量以及海洋平台定位、海平面升降监测等；③ 航空航天应用,包括飞机导航、航空遥感姿态控制、低轨卫星定轨、导弹制导、航空救援和载人航天器防护探测等。[2]

参考资料

[1] 2014年7月1起　重型货车需装GPS卫星定位.中国测绘网。

[2] 北斗卫星定位系统.铁血网,2010-01-23。

模型三:发射和环绕

太阳行星

如图所示,设行星绕太阳的运动是匀速圆周运动,不考虑行星自转的影响,分析两星的第一宇宙速度大小关系。

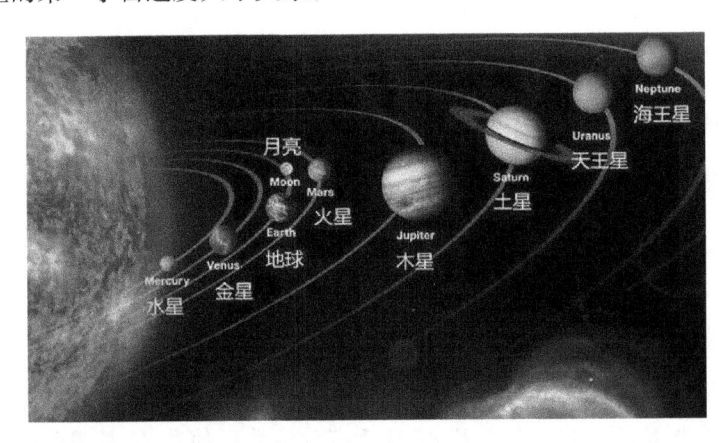

- **实验**

分析金星与火星的第一宇宙速度大小关系。

- **思考与讨论**

1. 抽象表征

1.1　将金星、火星看成中心天体；

1.2　将某一物体看成质点,环绕中心天体表面飞行。

2. 赋值表征

2.1　设金星自身的半径是火星的 n 倍；

2.2　设金星质量为火星的 k 倍。

3. 图像表征

4. 方法表征

4.1 分析法：不同行星的环绕卫星速度比较；

4.2 理想化模型法：天体（包括卫星）的运动可简化为质点的匀速圆周运动模型。

5. 物理表征

根据万有引力提供向心力可知，$G\dfrac{Mm}{R^2}=m\dfrac{v^2}{R}$。

6. 数学表征

行星做匀速圆周运动可得 $G\dfrac{Mm}{R^2}=m\dfrac{v^2}{R}$，

$v=\sqrt{\dfrac{GM}{R}}$ 可知，$\dfrac{v_{金}}{v_{火}}=\sqrt{\dfrac{k}{n}}$。

• 科学漫步

太阳系行星

太阳系行星，在2006年8月24日于布拉格举行的第26届国际天文联合会通过的第5号决议中，冥王星被划为矮行星，并命名为小行星134 340号，从太阳系九大行星中除名。

现在太阳系只有八颗大行星。也就是说，从2006年8月24日起，太阳系只有8大行星，即：水星、金星、地球、火星、木星、土星、天王星和海王星。

依照至太阳的距离，行星序是水星、金星、地球、火星、木星、土星、天王星、海王星（离太阳较近的水星、金星、地球及火星称为类地行星；木星与土星称为近日行星；天王星与海王星称为远日行星），8颗中的6颗行星有天然的卫星环绕。在外侧的行星都有由尘埃和许多小颗粒构成的行星环环绕着，而除了地球之外，肉眼可见的行星以五行为名，在西方则全都以希腊和罗马神话故事中的神仙为名。[1]

参考资料：
［1］太阳系确定有八大行星．人民网．

海洋系列卫星

　　据报道，2020年前，我国将发射8颗海洋系列卫星，包括2颗海洋动力环境卫星和2颗海陆雷达卫星(这4颗卫星均绕地球做匀速圆周运动)，以加强对黄岩岛、钓鱼岛及西沙群岛全部岛屿附近海域的监测。请分析这两种卫星的周期关系。

- **实验**

查阅网络资料，制作能够测量匀速圆周运动的简单仪器。

- **思考与讨论**

1. 抽象表征

1.1　将地球看成中心天体；

1.2　将卫星看成质点，环绕中心天体表面飞行。

2. 赋值表征

2.1　设海陆雷达卫星的轨道半径是海洋动力环境卫星的 n 倍；

215

2.2 设卫星质量为 m。

3. 图像表征

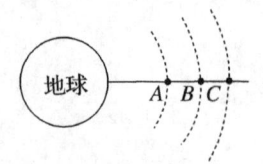

4. 方法表征

4.1 分析法:不同行星的环绕卫星速度比较;

4.2 理想化模型法:天体(包括卫星)的运动可简化为质点的匀速圆周运动模型。

5. 物理表征

根据万有引力提供向心力可知, $G\dfrac{Mm}{r^2}=m\dfrac{4\pi^2}{T^2}r$。

6. 数学表征

行星做匀速圆周运动可得 $T=2\pi\sqrt{\dfrac{r^3}{GM}}$,

即周期之比为 $n^{\frac{3}{2}}:1$。

• 科学漫步

海洋系列卫星

海洋系列卫星为中国自主研制和发射的海洋环境监测卫星,此系列卫星共分为一号、二号和三号。海洋二号(HY-2)卫星是海洋动力环境卫星,主要任务是探测海洋的海面风场、温度场、海面高度、浪场、流场等数据。卫星采用资源一号卫星平台。海洋三号(HY-3)是海洋监视监测卫星,主要任务是探测海上目标和对海洋环境进行实时监测,实现全天时、全天候海面目标与环境监测。卫星采用资源二号卫星平台。

詹姆斯·韦伯太空望远镜

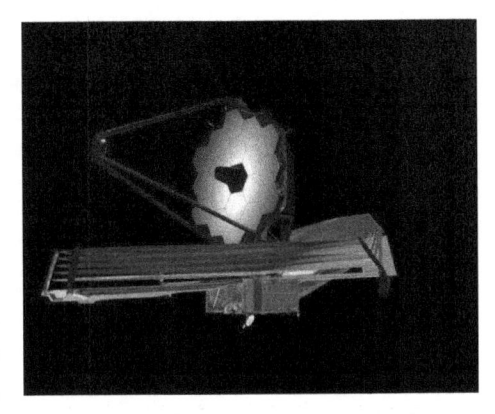

NASA 的新一代詹姆斯·韦伯太空望远镜将被放置在太阳与地球的第二拉格朗日点 L_2 处，飘荡在地球背对太阳后方的太空。其面积超过哈勃望远镜 5 倍。L_2 点处在太阳与地球连线的外侧，在太阳和地球的引力共同作用下，卫星在该点能与地球一起绕太阳运动（视为圆周运动），且时刻保持背对太阳和地球，不受太阳的干扰而进行天文观测。不考虑其他星球的影响，请分析它绕太阳运行的线速度与地球绕太阳运行的线速度大小情况对比如何。

● **实验**

太空望远镜的关键是能源的供给，请同学们设计一个太阳能供电板，并组合成一个望远镜模型。

● **思考与讨论**

1. 抽象表征

1.1 将太阳看成中心天体；

1.2 将地球、望远镜看成质点环绕太阳飞行。

2. 赋值表征

2.1 设地球环绕太阳飞行的半径为 R；

2.2 设望远镜环绕太阳飞行的半径为 r。

3. 图像表征

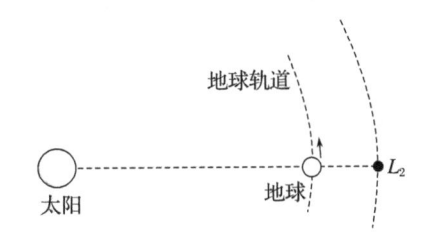

4. 方法表征

4.1 分析法：环绕天体线速度比较；

4.2 理想化模型法：天体（包括卫星）的运动可简化为质点的匀速圆周运动模型。

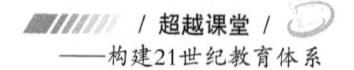

5. 物理表征

根据卫星在该点能与地球一起绕太阳运动（视为圆周运动），且时刻保持背对太阳和地球，说明地球与望远镜角速度大小相等。

线速度的比较 $v=\omega r$。

6. 数学表征

做匀速圆周运动 $v=\omega r$，

即望远镜的线速度大于地球的线速度。

• 科学漫步

詹姆斯·韦伯太空望远镜

詹姆斯·韦伯太空望远镜(James Webb Space Telescope，缩写 JWST)是美国航空航天局、欧洲航天局和加拿大航空航天局联合研发的红外线观测用太空望远镜，为哈勃空间望远镜的继任者[1]。

詹姆斯·韦伯太空望远镜的质量为 6.2 吨，约为哈勃空间望远镜（11 吨）的一半。主反射镜由铍制成，口径达到 6.5 米，面积为哈勃太空望远镜的 5 倍以上。它还能在近红外波段工作，能在接近绝对零度（相当于零下 273.15 摄氏度）的环境中运行。

詹姆斯·韦伯太空望远镜的主要任务是调查作为"大爆炸理论"的残余红外线证据（宇宙微波背景辐射），即观测今天可见宇宙的初期状态。为达成此目的，它配备了高灵敏度红外线传感器、光谱器等。为便于观测，太空望远镜机体要能承受极限低温，也要避开太阳和地球的光等。为此，詹姆斯·韦伯太空望远镜附带了可折叠的遮光板，以屏蔽会成为干扰的光源。因其处于拉格朗日点，地球和太阳在望远镜的视界总处于一样的相对位置，不用频繁地修正位置也能让遮光板确实发挥功效[2]。

参考资料：

[1] 天文学家发现迄今最远星系 在宇宙形成 4 亿年后开始发光. 科学网。

[2] "詹姆斯-韦伯"太空望远镜. 新浪网。

模型四：变轨问题

天舟一号

2017年4月22日，"天舟一号"货运飞船与"天宫二号"空间实验室顺利完成自动交会对接。"天舟一号"发射升空后，进入预定的轨道运行。经过变轨后升到"天宫二号"所在的轨道运行。试分析"天舟一号"变轨前和变轨完成后，"天舟一号"做圆周运动的动能大小关系。

- **实验**

制作一个变轨反冲小飞船（用弹性绳绑住），遥控加速后观察小飞船的圆周半径变大的情况。

- **思考与讨论**

1. 抽象表征

1.1 将地球看成中心天体。

1.2 将"天舟一号"看成质点并环绕地球飞行。

2. 赋值表征

2.1 设"天舟一号"环绕地球飞行的半径为 r_1；

2.2 设"天舟一号"环绕地球飞行变轨后的半径为 r_2。

3. 图像表征

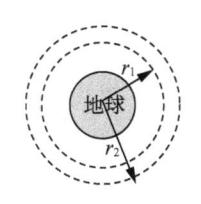

4. 方法表征

4.1 分析法:环绕天体运行线速度比较;

4.2 理想化模型法:"天舟一号"的运动可简化为质点的匀速圆周运动模型。

5. 物理表征

根据万有引力提供向心力得:$G\dfrac{Mm}{r^2}=m\dfrac{v^2}{r}$。

6. 数学表征

根据万有引力提供向心力得:$G\dfrac{Mm}{r^2}=m\dfrac{v^2}{r}$,

可得:$v=\sqrt{\dfrac{GM}{r}}$,

飞船的动能为:$E_k=\dfrac{1}{2}mv^2=\dfrac{GMm}{2r}$,

得:$E_{k1}:E_{k2}=r_2:r_1$。

● 科学漫步

天舟一号

天舟一号货运飞船是由中国空间技术研究院(中国航天科技集团五院)研制的一款货运飞船,也是中国首个货运飞船。天舟一号具有与天宫二号空间实验室交会对接、实施推进剂在轨补加、开展空间科学实验和技术试验等功能。[1]天舟一号任务则作为我国空间实验室任务的收官之战。[2]天舟一号为全密封货运飞船,采用两舱构型,由货物舱和推进舱组成,全长10.6米,最大直径3.35米,起飞质量为12.91吨,太阳帆板展开后最大宽度为14.9米,物资运输能力约为6.5吨,推进剂补加能力约为2吨,具备独立飞行3个月的能力。

神舟十号任务完成后,中国载人航天工程全面进入空间实验室研制阶段。而在空间实验室阶段,将突破并验证推进剂补加技术、再生式环控生保技术等关键技术,为空间站建造奠定基础。2016年9月15日,天宫二号空间实验室发射成功[3],将用于进一步验证空间交会对接技术及进行一系列空间试验,这标志着我国全面进入空间实验室任务实施阶段。为了对未来空间站中航天员长期驻留和空间科学实验进行支持,天舟一号需要通过货运飞船进行货物补给。

如果说载人飞船是天地往返的载人工具,那么货运飞船就是天地间运货的工具。中国的天舟一号货运飞船基于神舟号飞船和天宫一号的技术研发,只运货不运人,货物运载量将是俄罗斯进步号M型无人货运飞船的2.6倍,在功能、性能上都处于国际先进水平。

参考资料：

［1］中国首艘货运飞船天舟一号运抵海南文昌航天发射场.凤凰网,2017-02-13。
［2］褚宏彬：今年中国航天将打响两场"收官之战".中国台湾网,2017-03-10。
［3］天宫二号将于 9 月 15 日至 20 日择机发射.腾讯网。

近月卫星变轨

飞行器在距月球表面高度为 $3R$ 的圆形轨道Ⅰ上运动；到达轨道的 A 点点火变轨进入椭圆轨道Ⅱ；到达轨道的近月点 B，再次点火进入近月轨道Ⅲ并绕月球做圆周运动。请分析飞行器在轨道Ⅱ上的运行周期大小。

- **实验**

制作一个变轨反冲小飞船（用弹性绳绑住），遥控减速后观察小飞船的圆周半径变小情况。

- **思考与讨论**

1. 抽象表征

1.1 将月球看成中心天体；

1.2 将飞行器看成质点，环绕月球变轨飞行。

2. 赋值表征

2.1 设月球半径为 R；

2.2 设月球表面的重力加速度为 g；

2.3 设轨道Ⅲ的重力加速度为 g_0;

2.4 设飞船在近月轨道Ⅲ绕月球运行一周所需的时间为 T_3;

2.5 设轨道Ⅱ的运行周期为 T。

3. 图像表征

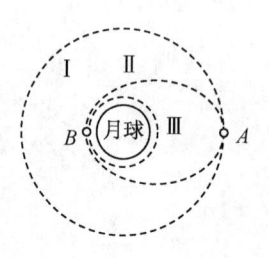

4. 方法表征

4.1 分析法:万有引力提供飞行器做圆周运动的向心力;

4.2 理想化模型法:将问题建模为"开普勒定律"。

5. 物理表征

飞船在近月轨道Ⅲ绕月球运行,重力提供向心力。

开普勒第三定律, $\dfrac{a^3}{T^2}=K$。

6. 数学表征

设飞船在近月轨道Ⅲ绕月球运行一周所需的时间为 T_3,则: $mg_0=mR\dfrac{4\pi^2}{T_3^2}$,

解得: $T_3=2\pi\sqrt{\dfrac{R}{g_0}}$。

根据几何关系可知,Ⅱ轨道的半长轴 $a=2.5R$。

根据开普勒第三定律 $\dfrac{a^3}{T^2}=K$,以及轨道Ⅲ的周期可知,求出轨道Ⅱ的运行周期为 $5\pi\sqrt{\dfrac{5R}{2t}}$。

• 科学漫步

近月点

近月点(perilune):指的是航天器在围绕月亮飞行时,其椭圆形轨道中离月球最近的那个点。人造航天器围绕月球的运行轨道也是一个椭圆形轨道,月球是其中的一个焦点,当航天器飞行到和月球之间的距离最小时,就是近月点。[1]

2007 年 11 月 5 日下午,中国国家航天局在北京宣布,北京时间当天 11 点

15分,嫦娥一号卫星首次飞达近月点,顺利实施第一次近月制动,卫星成功被月球捕获,进入周期为12小时,近月点210千米、远月点8600千米的月球极轨椭圆轨道。据北京航天飞行控制中心主任朱民才介绍,所谓近月制动,就是给在地月转移轨道高速飞行的卫星减缓速度,完成"太空刹车减速",建立正常姿态,进行环月飞行。[2]

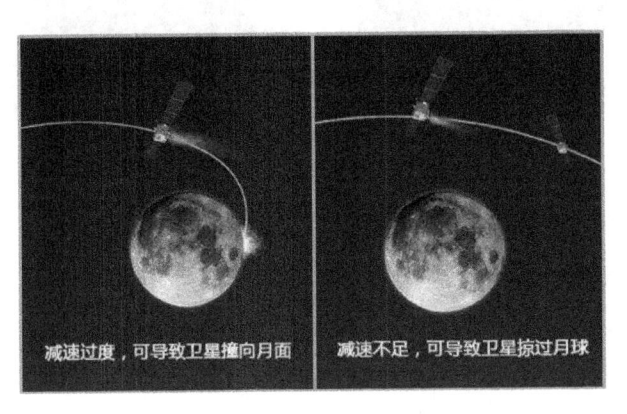

参考文献:

[1] 张巍,刘林.环月探测器利用轨道近月点高度不断降低的规律实现软着陆[J].飞行器测控学报,2008,27(4):66-70.

[2] 周文艳,杨维廉.月球探测器转移轨道的中途修正[J].宇航学报,2004,25(1):89-92.

模型五:双星研究

罗盘座T星

下图为哈勃望远镜拍摄的银河系中被科学家称为"罗盘座T星"系统的照片,其距离太阳系有3 260光年,该系统是由一颗白矮星和它的类日伴星组成的双星系统,图片上面的部分为类日伴星(中央最亮的为类似太阳的天体),下面的亮点为白矮星。这颗白矮星将最终变成一颗超新星。这颗可能的超新星所释放伽马射线的能量甚至比太阳耀斑的能量还要大1 000倍。它在数百万年后可能完全爆炸,并彻底摧毁地球的臭氧层。现假设类日伴星所释放的物质被白矮星全部吸收,并且两星间的距离在一段时间内不变,两星球的总质量不变,不考虑其他星球对该"罗盘座T星"系统的作用。请分析两星的运动周期变化情况。

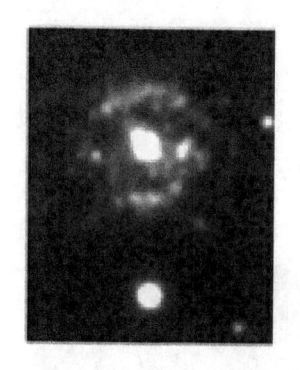

- **实验**

做一个水流星装置,模拟宇宙中的"双星"系统,转动起来感受力的作用。

- **思考与讨论**

1. 抽象表征

1.1 将"罗盘座 T 星"看成"双星"系统;

1.2 将一颗白矮星和它的类日伴星看成质点。

2. 赋值表征

2.1 设组成的双星系统的周期 T 相同;

2.2 设白矮星与类日伴星的质量分别为 m_A 和 m_B;

2.3 设白矮星与类日伴星的圆周运动的半径分别为 r_A 和 r_B;

2.4 设白矮星与类日伴星的距离为 L。

3. 图像表征

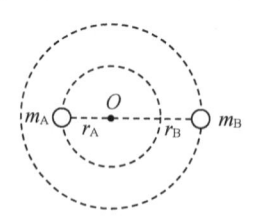

4. 方法表征

4.1 分析法:双星之间的万有引力提供向心力,它们的角速度相等;

4.2 理想化模型法:可简化为双星模型。

5. 物理表征

双星都做匀速圆周运动,由双星之间的万有引力提供向心力,它们角速度相等。组成的双星系统的周期 T 相同。

6. 数学表征

双星之间的万有引力提供向心力,$G\dfrac{m_A m_B}{L^2}=m_A\dfrac{4\pi^2}{T^2}r_A=m_B\dfrac{4\pi^2}{T^2}r_B$,

可得 $Gm_A=\dfrac{4\pi^2 r_B L^2}{T^2}$,$Gm_B=\dfrac{4\pi^2 r_A L^2}{T^2}$,

两式相加:$G(m_A+m_B)T^2=4\pi^2 L^3$。

白矮星与类日伴星的总质量不变,则周期 T 不变。

● 科学漫步

罗盘座 T 星

"罗盘座 T 星"系统,位于南半球星座罗盘座之中,由一颗白矮星和它的类日伴星组成,距离太阳系较近。美国天文学家的最新研究表明,这颗白矮星与太阳系的距离比此前认为的距离要近得多。如果它在数百万年后完全爆炸,将对地球产生严重影响,并彻底摧毁地球的臭氧层。

美国宾夕法尼亚州维拉诺瓦大学天文学家一直在对这颗白矮星和它的类日伴星进行长期的观测和研究。根据最新观测结果,天文学家们对于这颗白矮星位置的不稳定性有了更加深入的了解,并认为它将可能成为一颗超新星。天文学家在 2010 年 1 月举行的美国天文学会第 215 次会议上宣布了这一发现。

天文学家此前认为,距离地球 100 光年之内的任何超新星爆炸都可能是毁灭性的。但是,距离地球 100 光年之外超新星爆炸的后果如何?天文学家们至今未有明确说法。不过,他们已经在密切关注船底座伊塔星。船底座伊塔星也是一颗随时可能演化成超新星的恒星,距离地球大约 7 500 光年。天文学家关注的焦点是,这颗超新星究竟有多强大。

:::note
回到课堂
——物理情景建模分析
:::

五、机械能

本着开源运动的精神,为了帮助竞争对手迎头赶上,我们将开放特斯拉的专利,不会对任何使用特斯拉专利技术的人采取法律行动,目的是推动电动汽车技术的进步——埃隆·马斯克。

埃隆·马斯克是风格独具的梦想家,也是眼光独到、一再开创新商业模式的企业家。从 PayPal 到特斯拉、Space X、太阳城,他在创业历程中遭遇了无数个棘手的事件,但是每一次突破都令全球惊艳。无论钟情于什么领域,他都可以展现出惊人的专注力。马斯克已经涉足互联网、金融、汽车、航空以及能源等行业。对科技近乎疯狂的专注,使他成为目前最成功的连续创业者和科技创业家。

硅谷资深科技记者阿什利·万斯与马斯克进行了超过 40 个小时的深度对话,记录了他从粗放贫瘠的南非到国际商业世界顶峰的不凡之旅。在三年多的时间里,作者深入特斯拉、Space X 等公司,采访了超过 300 人的马斯克的伙伴、员工、家人、朋友等,真实讲述了马斯克在创立、运营他那些足以改变世界的公司(包括 PayPal、特斯拉、Space X 和太阳城)时发生的惊人故事。同时也揭示了企业家和创业者如何专注于创业本身,并同时管理多领域公司所需要的能力、方法和经验,以及如何在与许多竞争对手交手时不断进行企业创新的做法。

埃隆·马斯克的人生经历,和无数改变世界的伟大实业家的经历一样,是那种可以被千百次地写进小说、搬上银幕后,每一次重看都依然是激动人心的、属

于全人类的传奇故事。[1]
参考资料：
［1］硅谷钢铁侠.豆瓣网。

模型一：机车启动

战舰

某战舰在一次航行中以额定的功率行进，阻力恒定，请收集数据分析其某一时刻的加速度大小。

- **实验**

使用打点计时器测量水平匀加速运动的物体在某一时刻的加速度。使用已知质量的钩码拉动小车运动，注意小车质量远大于钩码质量，求出小车受到的阻力。

- **思考与讨论**

1. 抽象表征
1.1 将战舰问题归纳为机车启动问题；
1.2 将战舰物体看成质点。
2. 赋值表征
2.1 设战舰质量为 m；
2.2 设战舰额定功率为 P；
2.3 设战舰最大航速为 v_m；
2.4 设战舰某一时刻速度为 v；
2.5 设战舰受到的恒定阻力是 f。

3. 图像表征

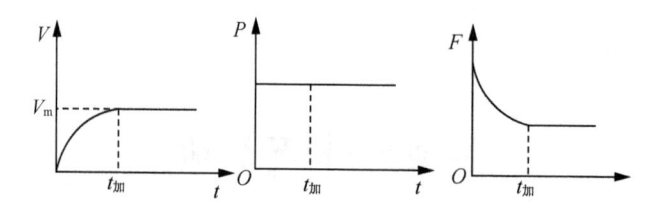

4. 方法表征

4.1　图像法:机车启动方式的 $v\text{-}t$ 图像意义分析;

4.2　理想化模型法:汽车启动过程模型。

5. 物理表征

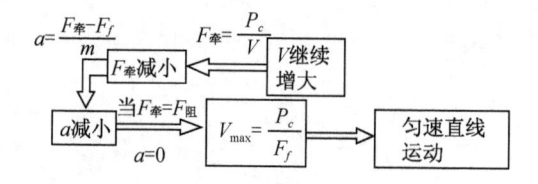

$a = \dfrac{F_{牵} - F_f}{m}$ → $F_{牵}$减小 ← $F_{牵} = \dfrac{P_c}{V}$ → V继续增大

a减小 → 当$F_{牵} = F_{阻}$，$a=0$ → $V_{\max} = \dfrac{P_c}{F_f}$ → 匀速直线运动

6. 数学表征

由 $P = Fv$ 可知阻力: $F = f = \dfrac{P}{v_m}$,

速度为 v 时,此时牵引力 $F' = \dfrac{P}{v}$,

此时加速度 $a = \dfrac{F' - f}{m} = \dfrac{\dfrac{P}{v} - \dfrac{P}{v_m}}{m}$。

• 科学漫步

军舰

军舰,又称海军舰艇,可以提供无人舰载机的起飞和降落,是在海上执行战斗任务的船舶。

舰艇分为战斗舰艇和辅助战斗舰艇两大类。直接执行战斗任务的叫战斗舰艇;执行辅助战斗任务的是辅助战斗舰艇。战斗舰艇按其航行状态不同,分为水面战斗舰艇和水下战斗舰艇。军舰与民用船舶的最大区别是其舰艇上装备有武器;另外军舰的外表一般漆上蓝灰色油漆,舰尾悬挂海军旗或国旗;桅杆上装有各种用于作战的雷达天线和电子设备等,这也是军舰有别于民船的一个标志。

军舰上都装有武器,战斗舰艇上装备的武器有各种类型和各种口径的舰炮;有各种用途的导弹,如对舰导弹、防空导弹、反潜导弹等;有水中兵器,包括鱼雷、水雷和深水炸弹等；有的军舰上还携带飞机或直升机。在辅助战斗舰艇上，大多装有自卫用的武器。[1]

参考文献：

[1] 缪国平. 世界范围的军事变革与海军舰艇设计的新趋势[J]. 上海造船，2006(4)：1-4.

摩托艇

摩托艇是一种高速快艇，可用于交通、救生、军事等各方面。假设摩托艇受到阻力的大小正比于它的速率。如果摩托艇发动机的输出功率改变，请分析摩托艇的最大速率如何变化。

● **实验**

设计实验，验证物体受到阻力的大小是否正比于它的速率。

● **思考与讨论**

1. 抽象表征

1.1 将摩托艇问题归纳为机车启动问题；

1.2 将摩托艇看成质点。

2. 赋值表征

2.1 设摩托艇发动机的输出功率为 P；

2.2 设摩托艇受到的阻力为 f；

2.3 设摩托艇某一时刻的速度为 v。

3. 图像表征

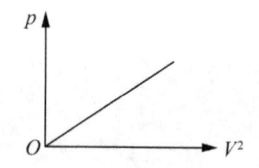

4. 方法表征

4.1 图像法:机车启动方式的 v-t 图像意义分析;

4.2 理想化模型法:汽车启动过程模型。

5. 物理表征

摩托艇的阻力大小与速度成正比,即:$f=kv$;

当物体做匀速运动时,速度最大,此时牵引力 F 与阻力 f 相等:

即 $F=f=kv$;

发动机的输出功率 $P=Fv$。

6. 数学表征

阻力为 f,由题知:$f=kv$;

速度最大时,牵引力等于阻力,则有:$P=Fv=fv=kv^2$。

所以摩托艇发动机的输出功率变为原来的 n 倍,则摩托艇的最大速率变为原来的 $\sqrt{n}$ 倍。

• 科学漫步

摩托艇

摩托艇是以汽油机、柴油机或涡轮喷气发动机等为动力的机动艇,也是在水上竞速的一项体育活动。摩托艇可以分成竞速艇(船)、运动艇(船)、游艇(船)、汽艇、水上摩托、气垫(船)艇、喷气(船)艇等。操纵摩托艇的技术关键是起航、加速、绕标、超越和冲刺等。

1903年,美国二十多个动力艇俱乐部联合建立了统一的组织"美国动力艇协会"。1922年,在比利时的布鲁塞尔成立了国际摩托艇联盟。1924年,舷外发动机出现后,有力推动了这一运动的发展。1980年,最小登记的舷外竞速艇(OJ级),其速度记录已达到每小时111.72千米。1978年,澳大利亚人沃比驾驶无限制的喷气式(发动机)艇创

造了每小时511.11千米的速度记录。1980年，美国人L·泰勒设计建造的一艘以火箭发动机为动力的快艇，达到了每小时563千米的速度记录。[1]

参考资料：

[1] 摩托艇.百度百科。

模型二：动能定理

"地球仪"的前进

如图，小飞用手托着一个"地球仪"，从静止开始沿水平方向运动，前进一段距离后，试分析手对"地球仪"的摩擦力大小。

- **实验**

模拟以上图例，感受分析手对球的力的方向，并确定摩擦力的大小。

- **思考与讨论**

1. 抽象表征

1.1 将地球仪对手的摩擦力分析归纳为动能定理的应用问题；

1.2 将地球仪看成质点。

2. 赋值表征

2.1 设地球仪的质量为 m；

2.2 设匀加速直线运动的一段距离为 L；

2.3 设运动到某一位置的速度为 v；

2.4 设手对地球仪的摩擦力是恒力 f。

3. 图像表征

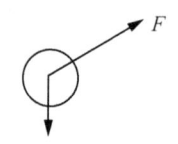

4. 方法表征

4.1　分析法:地球仪的受力分析;

4.2　理想化模型法:手托地球仪的过程,其匀加速直线运动采用动能定理。

5. 物理表征

由动能定理,手对地球仪的力斜向上,只对地球仪的摩擦力做功。

6. 数学表征

阻力为 f,由题知:$w_f=\dfrac{1}{2}mv^2$,$w_f=fL$,

所以手对球的摩擦力为 $f=\dfrac{1}{2L}mv^2$。

● 科学漫步

摩擦力

两个相互接触并挤压的物体,当它们发生相对运动或具有相对运动趋势时,就会在接触面上产生阻碍相对运动或相对运动趋势的力,这种力叫作摩擦力。摩擦力的方向与物体相对运动或相对运动趋势的方向相反。固体表面之间摩擦力的原因有两个:固体表面原子、分子之间相互的吸引力(化学键重组的能量需求,胶力)和它们之间的表面粗糙所造成的互相之间卡住的阻力。

举重运动员为什么要涂防滑粉?

自行车轮滚动轴承有什么用?

内部摩擦是物质内部的原子或分子相互运动所造成的能量损失。由于外部力作用所造成的不同部位粒子的加速度不同,其可以造成(比如液体)内部的相对运动。内部摩擦的大小与物质的黏性有关。不像固体表面的摩擦那样含糊。内部摩擦可以通过统计力学的方式相当精确地计算出来。在力学中一般人们在计算时尽量省略摩擦所造成的损失。在流体力学中，内部摩擦是理论中的一个内在部分，它可以由奈维尔-史托克斯方程式来计算。流变学是研究复杂流体（比如悬浮液或高分子化合物）的学科，这些液体中的内部摩擦是非常复杂的，此时线性的奈维尔-史托克斯方程式就不能用来描写它了。

滑梯

如图所示为一滑梯的实物图，为保证小朋友的安全，在水平面铺设安全地垫。水平段与斜面段平滑连接，小朋友在连接处速度大小不变。某小朋友从滑梯顶端由静止开始滑下，经斜面底端后水平滑行一段距离，停在水平地垫上。为使小朋友不滑出水平地垫，地垫的长度应该多长？

- **实验**

采用控制变量法，将不同质量、体积、表面积的物体从斜面滑下，研究滑下后在水平面的运动距离和什么因素有关。

- **思考与讨论**

1. 抽象表征

1.1 将小朋友运动过程分析归纳为动能定理的多过程应用问题；

1.2 将小朋友看成质点。

2. 赋值表征

2.1 设小朋友的质量为 m；

2.2 设滑梯长为 L，高为 h；

2.3 设小朋友在斜面上受到的平均阻力为 f_1，在水平段受到的平均阻力为 f_2；

2.4 设地垫的长度为 x。

3. 图像表征

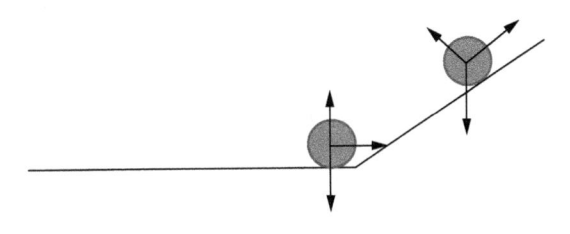

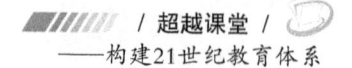

4. 方法表征

4.1 分析法:对小朋友的受力进行做功分析;

4.2 理想化模型法:过程为匀变速直线运动并采用动能定理。

5. 物理表征

由动能定理,全过程列式。

6. 数学表征

由动能定理,对小朋友全程使用动能定理列式。

$mgh - f_1 L - f_2 x = 0$,

所以地垫的长度 $x = \dfrac{mgh - f_1 L}{f_2}$。

• 科学漫步

摩擦系数

摩擦系数是指两表面间的摩擦力和作用在其一表面上的垂直力之比值,它和表面的粗糙度有关,与接触面积的大小无关。依运动的性质,摩擦系数可分为动摩擦系数和静摩擦系数。滑动摩擦力是两物体相互接触发生相对滑动而产生的。

摩擦系数主要由滑动面的性质、粗糙度和(可能存在的)润滑剂所决定。根据现代摩擦力理论,摩擦是接触表面原子之间的附着力引起的,当两物体相互接触时,凸起部分表面原子接近形成原子键,其强度与固体内部使自己聚集在一起的原子键的强度相当。表面如果非常洁净、接触非常紧密,两个互相接触的表面会黏附得非常牢固,在发生明显滑动之前出现"接点增长",接点面积不断增大,直到整个几何接触面积成为巨大的接触点,这时摩擦力很大,甚至会超过正压力,摩擦系数可以等于、大于1,甚至更大。美国C•基特尔等著的《伯克利物理学教程(S1版)》第1卷《力学》上有一表格记载:铜与铜静摩擦系数是1.6,橡皮与固体静摩擦系数是1.0~4.0。以上均可表明摩擦系数可以等于或大于1。[1]

参考资料:

[1] "科普中国"科学百科词条编写与应用工作项目。

模型三：机械能守恒

篮球运动

美国的 NBA 篮球赛非常精彩，吸引了众多观众。人们经常能看到这样的场面：在终场前 0.1 秒的时候，运动员把球投出且准确命中，获得比赛的最后胜利。运动员将篮球投出，不计空气阻力，则篮球进筐时的动能为多少？

- **实验**

投篮是所有同学都能参与的运动。试一试如何使投篮机械能损失最少，并尝试说明原因。

- **思考与讨论**

1. 抽象表征

1.1 将篮球运动过程分析归纳为机械能守恒应用问题；

1.2 将篮球看成质点。

2. 赋值表征

2.1 设篮球的质量为 m；

2.2 设篮球出手时的高度为 h_1；

2.3 设篮球出手时的动能为 E_k；

2.4 设篮筐距地面高度为 h_2。

3. 图像表征

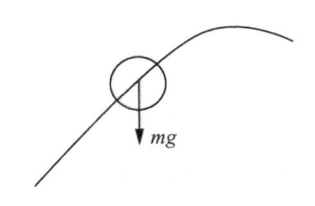

4. 方法表征

4.1 分析法:对篮球运动过程的力进行做功分析;

4.2 理想化模型法:过程为机械能守恒模型。

5. 物理表征

由机械能守恒关系分析过程。

6. 数学表征

篮球机械能守恒,有:$mgh_1+E_k=mgh_2+E_{k2}$;

解得篮球进筐时的动能:$E_{k2}=E_k+mgh_1-mgh_2$。

• 科学漫步

空气阻力

空气阻力,指空气对运动物体的阻碍力,是运动物体受到空气的弹力而产生的。汽车、船舶、铁路机车等在运行时,由于前面的空气被压缩,两侧表面与空气的摩擦,以及尾部后面的空间成为部分真空,这些作用所引起的阻力称为空气阻力。在逆风运行时,还要把风力附加在内。在现实生活中,自由落体也受空气阻力的影响,其速度、接触面积、空气密度等都会影响空气阻力的大小。[1]

参考资料:

[1] "科普中国"科学百科词条编写与应用工作项目。

游乐设施

游乐场要建造一个游乐设施,在设计过程中,先用模型来检测设施的可行性。其模型如下图所示:轻质弹簧水平放置,一端固定在 A 点,另一端与物块 P(可视为质点)接触但不连接。AB 是光滑的水平轨道,与竖直固定的光滑圆管道 BCD 相切于 B;倾斜轨道 DE 与圆管道相切于 D,另一端 E 固定在地面;试验时,物块每次压缩弹簧相同长度后,由静止开始释放,分析当物块到达最高点处对管道的作用力大小。

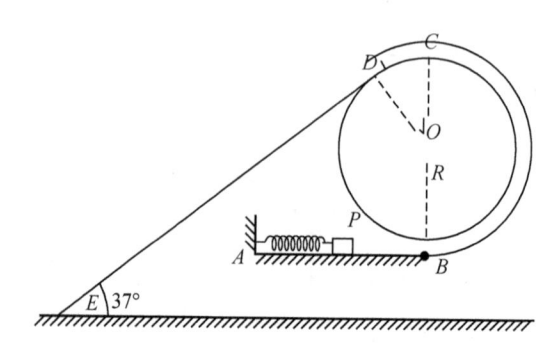

● 实验

制作一个透明圆轨管,弹射小球进入管道并视屏录像,观察小球以什么速度弹出并压上或压下管壁。

● 思考与讨论

1. 抽象表征

1.1 将系统归纳为机械能守恒应用问题;

1.2 将物体看成质点。

2. 赋值表征

2.1 设物块的质量为 m;

2.2 设 C 处管道上壁对物块有向下的力 F;

2.3 设物块与倾斜轨道间的动摩擦因数为 μ;

2.4 圆轨道半径为 R(R 远大于管道直径);

2.5 设弹簧释放的弹性势能为 $E_p=3mgh$。

3. 图像表征

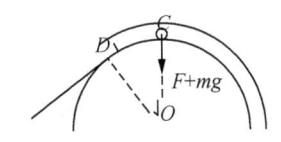

4. 方法表征

4.1 分析法:对物体运动过程受到的力进行做功分析;

4.2 理想化模型法:物体运动过程为机械能守恒模型。

5. 物理表征

由机械能守恒关系进行过程分析。

6. 数学表征

物块质量为 m 时,设到达 C 点时的速度为 v,机械能守恒定律有

$$\frac{1}{2}mv^2+mg \cdot 2R=E_p,$$

代入数据解得 $v=2\sqrt{2gR}$。

假定 C 处管道上壁对物块有向下的力 F,则 $F+mg=m\dfrac{v^2}{R}$,

代入数据解得 $F=7mg$。

解得 $F>0$,说明方向与假定的方向相同。

故物块对管道有向上的作用力,大小为 $7mg$。

• 科学漫步

弹射器

弹射器（Aircraft catapult）是航空母舰上推动舰载机增大起飞速度、缩短滑跑距离的装置，全称舰载机起飞弹射器。

弹射器最早由英国人发明，在第二次世界大战之前，大部分的固定翼机弹射器是液压弹射器。1950年后引入了蒸汽弹射器。蒸汽弹射器的出现是因为当时航母的甲板长度不足以起降重量大大增加的舰载喷气式战斗机，必须借助瞬间的大速度才能正常起飞，所以弹射器应运而生。

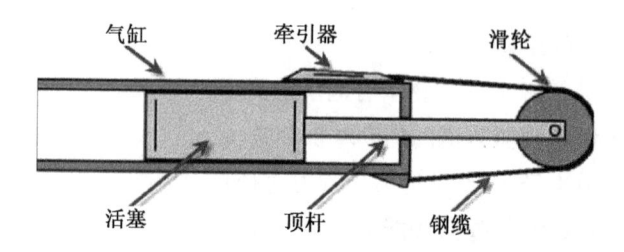

因为蒸汽弹射器结构很复杂，而且只有美国一家掌握了此技术，所以对该技术采取了非常严格的保密措施。对比俄罗斯的滑跳式飞行甲板，其滑跳式飞行甲板结构简单重量轻，技术难度低，而蒸汽弹射器结构复杂，重量大。在滑跳式飞行甲板上要起降飞机必须逆风。另外在起降舰载重型战斗机时，如苏-33战斗机，飞机滑跑距离要比弹射器长许多，而且天气情况稍差一点就不能正常起飞。弹射器就没有这些方面的顾虑。在21世纪，直线电机（Linear motor）和电磁式弹射器开始被引入。[1]

参考文献：

[1] 王福金,姚智慧.舰载机的电磁弹射器研究[J].哈尔滨理工大学学报,2009,14(6):106-110+116.

模型四:弹簧的功能关系

儿童游戏机

如图所示,这是一儿童游戏机的工作图。缓慢下拉手柄,使弹簧被压缩,释放手柄,弹珠被弹出,与游戏面板内的障碍物发生一系列碰撞后落入弹槽里,根据入槽的情况可以获得不同的奖励。假设所有轨道均光滑,忽略空气阻力,弹珠视为质点。某次缓慢下拉并释放手柄,弹珠被弹出,请分析该过程中弹簧的最大弹性势能为多少。

- 实验

弹珠机很考验游戏技巧,如果能找到最恰当的力度,就能实现最佳的入槽,可以尝试制作自己的最佳"手气"弹珠机。

- 思考与讨论

1. 抽象表征

1.1 将弹珠和弹簧组成的系统归纳为机械能守恒的功能关系问题;

1.2 将弹珠看成质点。

2. 赋值表征

2.1 设弹珠的质量为 m;

2.2 设手拉手柄向下后弹珠距 B 点距离为 L;

2.3 设到达最高点 C 点的速度为 v;

2.4 设四分之一圆弧轨道 BC 的半径为 R;

2.5 设光滑游戏面板与水平面成一夹角为 θ;

3. 图像表征

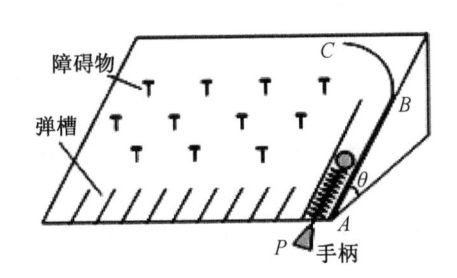

4. 方法表征

4.1 分析法:弹珠运动过程的能量转化分析;

4.2 理想化模型法:弹珠运动过程为机械能守恒模型。

5. 物理表征

由机械能守恒关系进行过程分析。

6. 数学表征

根据系统的机械能守恒,弹簧的最大弹性势能等于弹珠在 C 点的机械能,即弹簧的最大弹性势能是 $mg(L+R)\sin\theta+\dfrac{1}{2}mv^2$。

• 科学漫步

弹珠机

弹珠机始创于日本,是一种具有娱乐与博彩成分的机器,当时的弹珠机店遍布日本全国各地,在很长一段时间里受到成人玩家的欢迎。而后引入中国台湾及中国大陆,并且慢慢演化成只供儿童玩耍的儿童式弹珠机。现在国内各电商、淘宝上能买到各式各样的儿童弹珠机,有钢珠的、有玻璃球的,也有木质、塑料之类的。经过市场几年的筛选,其中钢珠和木质的弹珠机逐渐因不受欢迎而慢慢被淘汰。

经过游戏方式的改变和外观等的进化,弹珠机逐步应用于中国儿童娱乐行业。纯自然概率,公平公正,挑战性强,弹珠机可以考验和锻炼儿童的眼手合一能力,即孩子的眼力和手的力道。因其特有的游乐性,弹珠机受到广大儿童的欢迎而迅速发展起来,在广州、深圳、中山等地的大街小巷里,都能看到它的身影。[1]

参考资料:

[1] "科普中国"科学百科词条编写与应用工作项目。

防护罩

下图是某种检验防护罩承受冲击能力的装置,M 为固定于竖直平面内的光滑半圆弧轨道,A、B 分别是轨道的最低点和最高点,N 为防护罩,它是一个竖直固定的四分之一圆弧,圆心位于 B 点。在 A 处放置水平向左的弹簧枪,可向 M 轨道发射速度不同的相同小钢珠,某次发射的小钢珠沿轨道恰好能经过 B 点。分析发射小钢珠前,弹簧的弹性势能。

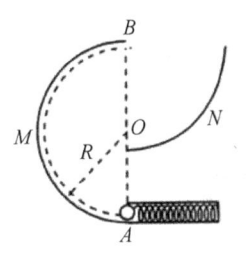

• **实验**

制作以上实验装置，用相同的速度弹出小钢球，研究曲面率对防护效果的影响。

• **思考与讨论**

1. 抽象表征

1.1 将弹珠和弹簧组成的系统归纳为机械能守恒的功能关系问题；

1.2 将弹珠看成质点。

2. 赋值表征

2.1 设弹珠的质量为 m；

2.2 设轨道 M 的半径为 R；

2.3 设防护罩 N 的半径为 r；

2.4 设弹簧的弹性势能为 E_{pN}。

3. 图像表征

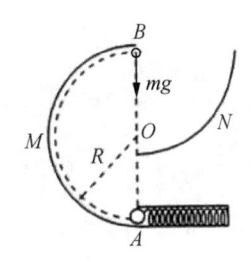

4. 方法表征

4.1 分析法：弹珠运动过程的能量转化分析；

4.2 理想化模型法：弹珠运动过程为机械能守恒模型。

5. 物理表征

发射的小钢珠沿轨道恰好能经过 B 点，由牛顿第二定律求解；

从发射钢珠到上升到 B 点的过程，由机械能守恒定律求解弹簧的弹性势能。

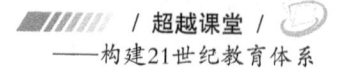

6. 数学表征

在 B 处对小钢珠进行受力分析，钢珠沿轨道恰好能经过 B 点，由牛顿第二定律得，$mg = \dfrac{mv_B^2}{R}$，$v_B = \sqrt{gR}$。

从发射钢珠到上升到 B 点的过程，由机械能守恒定律得：

$$E_{pN} = \Delta E_{PG} + \Delta E_k = mg \times 2R + \dfrac{1}{2}mv_B^2,$$

即 $E_{pN} = \dfrac{5}{2}mgR$。

• 科学漫步

摩托车头盔

摩托车头盔(标准名为摩托车乘员头盔)是一种用于摩托车驾乘人员的头部保护装置。该头盔的主要作用是在受到冲击时可以保护骑行人员的头部，阻止或减轻伤害，乃至挽救骑行人员的生命。有些头盔提供了附带的便利装置：如通风口设备、面部防护罩、护耳装置、内部通话装置等。头盔一般可分为冬季头盔和夏季头盔两种。

头盔材料常见的是 ABS 树脂，这是一种工程塑料，抗冲击能力强，尺寸稳定性好。PC+ABS 合成材料比单纯的 ABS 材料要好，其在强度、韧性及低温冲击性能方面提高了许多。玻璃钢材质也比 ABS 材质好，更轻更牢，但其也更难制作，产量较低。目前最好的头盔是碳纤维材料制作的，牢固、轻便、技术含量高，价格昂贵。PP 材料只能做玩具头盔，安全性很差，不用考虑。[1]

参考资料：

[1] 摩托车乘员头盔产品生产许可证实施细则. 珠海市政府网, 2016-09-30.

文化自觉

教育是什么？教育是用一个灵魂唤醒另一个灵魂的过程。有"文化自觉"的教师知道怎样去反思检阅教育实践中的谬误与真相。文化自觉是费孝通先生于1997年首次提出来的，是指生活在一定文化中的人对其文化有"自知之明"，明白其来历与形成过程、意义和所受其他文化的影响及其发展的方向。[1]文化自觉是一种内在的精神力量，是对文明进步的强烈向往和不懈追求的原动力。[2]加强学生文化自觉培育研究，让学生们深刻认识到文化自觉的重要性，提高学生民族文化认同感，增强学生的文化自觉意识，提升他们的文化自觉能力，对推动建设社会主义文化强国具有一定的理论意义和实践意义。[3]民族文化的繁荣发展离不开文化自觉的引领。各民族通过对本民族文化的不懈追求，在文化自觉的体系下培养及建设民族精神，从而推动了民族文化的繁荣与发展。价值自觉是文化自觉的根本，为推动文化建设提供了有利的基础保障及共同的价值理念。人们对社会生活的理念表现为文化自觉的实践，这个过程也是人们对文化理念的科学把握。这种文化的自觉性是新时代精神的价值取向[4]。

本书思之一隅，思考的是今天物理教师必须进行的文化自觉，谈的是物理教育教学中的文化自觉价值。

1. 物理教师的"文化自觉"需要

在我看来，物理教师的文化自觉决定了物理新课程标准中的核心素养能否落地。

从文化自觉思想出发，物理新课程标准应根据自己的品质、愿望，按文化自觉的标准进行重塑、内化，并建构自身特有的体系。反之，如果走得太远，就会忘记文化才是赋予一切事物发展的意义。例如，物理观摩课不仅仅体现的是技巧问题、经验问题，它如果缺乏的是文化，当学生真的依样画葫芦做出实验，这样的实验还有价值吗？教师对物理课程的把握仍然较多停留在"课程内容应该如何组织与整合""物理课可以做哪些新奇实验"等技术性层面上。而对于诸如"课程设计对师生的意义""课改反映出什么样的教育目标""课改对社会主义公民的核心价值观起到什么样的构建意义"等具有社会价值性方面的问题仍然缺乏有效关注。[5]僵化的课程理念盛行已经成为限制物理课程标准落实的最大障碍，我们的物理课程核心素养是什么？说到底应该是更好地传承文化，如果文化没有了，只剩下知识的背影、技巧性的操作、升学率的追求，那么课改只能停留在理想层面。综合而言,目前阻碍物理教师文化自觉的主要因素有以下几个方面。

1.1 僵化的课程理念

谈物理课必谈科学探究,"如果没有科学探究就不是物理课"已经成为一些教师骨子里的理念,结果衍生出各种各样表演性的课堂,其关注点不是学生,而是自己的表演是否精彩,把自己的表演置于课程理念之上。曾经看到一个老师为了准备一节课,非要凑齐5分钟一个小实验这样的结构,足足准备了两个星期,还美其名曰为"**备课",数了一下,实验达到10个之多,一节课45分钟,一个实验操作加上鼓动学生捧场可能有3~7分钟,还要学生探讨,那么这样一节课就在眼花缭乱中消逝了,而且这种样式课程现在也成了一些地方的主流,深入了青年教师的内心。

1.2 封闭的功利思维

精英科学教育思想强化了教学评价的作用,由于教育全球化、产业化观念的冲击,加之师生的功利心态,把考试的功能当成教学的工具和教师成长的捷径,客观上形成了"考试考什么、教师教什么"的教学氛围,教学变成流程设计,"哪里薄弱就练哪里",这严重抑制了教师的课程教学反思和课程自主研究的动力。物理教学,只要学生会理解题意、情景分析、数学计算、会考试,就是稳稳当当的理科生一枚,不需要所谓的文化自省,课程核心素养中的科学态度与价值观也只是纸上文字,如此"立德树人"又如何落实?

1.3 自在的经验主义

经验是一个教师掌握课堂,有效传达知识的依托。比如有的教师认为传授式课堂才是最高效的,学生没有疑问才是课堂快速进行的保证。物理公开课一定且必须是热闹的课堂,多年的教学经验导致部分教师从灵动变成麻木,对教学中展现的各式各样学生偶然表现出来的共情力大为减弱,教师乐于在自己的"舒适区"引领学生,从而在自身教学系统中表现出自循环的闭合体系,导致我们的教学形成孤立而无共情力,变得越加模型化教学。[6]我们最先衰老的从来不是"容貌",而是那份"尝试"的勇气,以教师个人经验为基础展开的教学行为过程,成了新课程教师教学机制生成的阻碍。

这是一个阻碍文化自觉体现的盒子,障碍犹如这个盒子可见的三面,阻碍了物理教师实现文化自觉。

2. 物理教师的"文化自觉"表征

费孝通先生对此曾有经典的论述:"自知之明",是为了加强对文化转型的自主能力,取得决定适应新环境、新时代文化选择的自主地位。[7]物理学有自身的文化表述,概括起来基本的含义是由群体共同了解自然、进行探索自然形成的物理精神,共同制造而产生的物质产品。

而物理教育的文化自觉是通过文化习得而来的,通过对今天的科学素养教育做出的在关于社会发展依据、社会发展方式与人生发展意义方面的思考,通过对中华悠久历史文化的审视、西方概念盛行现状的反省及未来科学发展趋势的研究,做出的关于自我文化创新与行动目标方面的规划,最终获得关于人生意义的真知灼见。物理教育形而上学主义方面主要包括对舶来理论的崇拜、权威思想的挤压、自身意识的淡薄等。要克服以上方面的误区,物理教师在文化自觉方面要进行深入学习研究。

2.1 科学崇尚的育人观念

《小儿诗五十韵》一书中,唐朝路德延对孩子们各式各样的嬉闹做了有趣的描写:"嫩竹乘为马""寻蛛穷屋瓦""探雀遍楼椽"……生动活泼地刻画了儿童乘竹马、投射、寻蛛、探雀、跃高台等热闹可人的场面,这也体现了活动中很多科学教育的成分。

物理教育应该是通过学科情景教学,让学生对物理现象保持强烈的好奇心、拥有热情的想象力,乐于观察、探索和思考,能够不迷信并大胆质疑,积极进行创新探索。同时,这也能帮助学生感知生存的责任以及进行合适的道德培养。课堂文化应该自觉追寻知识点的生活载体,也就是与学生的已有经验产生共鸣,才能让学生注意到科学知识的应用与解释。如果科学知识僵化了,学生对自然世界的感受就不再是生动活泼的,科学就会让孩子对它产生疲劳感。教育需要知识,但纯粹的知识教育会产生弊端,如果知识缺少了文化滋养,那么学生将只会读书,教育成果将大打折扣。

当我们根据经验来分析教育目标时就会发现:孩子的成功取决于各种可变因素精妙的融合,是各种思想的碰撞,如此激发孩子对科学的好奇心与求知欲,提升其自身判断力,并锻造出对复杂环境的辨别能力,这不是单靠高考的考试目标就能体现的。相反,应该是利用高考目标来为科学的教育观服务。科学崇尚的教育观必须渗透淳朴的文化素养并保持厚重的文化气息,这种形式是与简单的知识传授有本质不同的,其是科学教育的延展与升华,使科学有其文化,使教育有其人性光辉并富有成效。

2.2 反思实践的思维意识

学生是有血有肉的人,物理教育目的在于激发和引导他们的自我发展。问题是:如何让学生借助于树木来认识森林。[8]现在一些物理课教学情况是先讲概念、定理、公式,然后师生共同解决一组题,然后布置作业。"演绎法"的结果是要掌握一个公式才能面对一个具体问题,而没有关注思维方式教学,例如这组概念的来历,概念是如何建立的?结论是怎样引申推导出来的?其结果一般是学生只能认识树木,认识相同类型的树木,无法从"生物学"角度猜测它们的习性、生存环境等方面的知识。

教育应该养成反思概念是否合理,公式、定理表述是否符合恰当的习惯等。虽然这种习惯对于学生来说经常是徒劳无功的,但基础教育对物理理论的理想化却是不争的事实。有反思,才有本质的思维;有实践,才有本质的追问。让教育处在学生可以自我到达的领域,学生才能乐于培养进行自我发展的思维。所有人类知识的建立与发展等都有其艰辛、曲折而又美好的过程,"反思、实践的意识文化"作为教师在教学过程中的思维范式,通过教学发现课堂中的问题,感受学生的内心世界,从而在师生互动中建立充满朝气和活力的课堂。[9]

2.3 继承融合的文化追求

教育是继承、传递,需要回到初心,思考教育的初衷是"为什么"。我国教育从西周衰败开始,打破了学术垄断,由"学在官府"转向"学在民间",春秋、战国时期的"百家争鸣",孔子创办私学实施"有教无类"等,历代教育家的思想熠熠生辉,直至清末西学东渐,教育普及。当今学科教育除了要求具备扎实的专业知识和先进的教育理念外,更应当具有良好的文化素养。百年教育最关键的是提出了"以人为本,促进每一个孩子的发展"的目标,不管教育理论展现出多少种流派,西为中用成就如何显著,以每个孩子的发展为本是我们文化教育追求的最根本目标。假若文化抛弃自身,没有了自我,反而向同一个先进的文化学习,长远来看,会变得同一化。没有差异,没有互相学习的空间,这并不利于各民族课程文化的发展。只有真正潜心去研究传统文化的经典,在学校里面传播这些经典,让它们真正渗透进课程,让这些经典与时代联系起来,凸显出它们的价值,从而成为课程文化一部分,才是课程文化走向自觉的途径。[10]

文化可以融合各种当代教育概念,比如物理学科界目前探讨的比较多有"项目式学习""STEM课程""CDIO工程教育"等,这是物理教育文化自觉的特征。项目式学习(project based learning)通过团队合作研究自然中的问题,在过程中体会生活中的知识和技巧。STEM学习指出,自然界大多数科学问题,都可以用不同学科的知识来协同处理。CDIO让学生以自主的、探索的、整合课程之间联系的方式学习工程。综上理论,都是多种学科合作提出的概念,也意味着学生通过学习学会适应现代发展,整合所学到的知识并进行探索未知的领域。教育概念目前有很多,将来还会有,但是没有沉淀就不能形成特色,可能来得快也去得快,理论教育只有包含思想内涵、教育细节等文化内容才有价值。孔子启发式教学法距今有两千多年,依然展现出强大的生命力和影响力,源于其涵盖了素质教育和创新教育等要素,能够适应新时代对人的发展的要求。我们需要做的是对这些概念进行融合,培养自己对文化的理解,做出自己的行为规划,形成我们自己的文化信仰和文化追求。

3. 物理教师的"文化自觉"途径

2014年,国家就提出了"卓越教师"的培养计划。关于卓越教师的研究,学术界有大量的讨论,从国家到地方,从高校到基础教育工作室,对教师培养以及终身学习等做了大量有计划、有步骤的研究。2018年9月,教育部发布《关于实施卓越教师培养计划2.0的意见》。根据"卓越教师"的含义,我们认为"教育情怀深厚"可以理解为对自身文化的感知力;"专业基础扎实"可以理解为有反思文化的专业习惯;"勇于创新教学、善于综合育人"强调的是对融合课程文化有创新精神。时代在发展,教师只有跟上时代的步伐,终身学习,才能为教书育人作出更大的贡献,所以教师的核心发展必须有教师的文化自觉。

2017版《普通高中物理课程标准》,定位于进行物理文化特征和物理学科发展的表述,注重体现物理学科的文化内涵,展现物理学科的文化精髓。该标准全方位地整合"三维目标"课改经验,提出了物理教育的核心素养,即物理观念、科学思维、科学探究、科学态度与责任,从四个核心确立了12条具体的目标,强调学生要理解必备的物理概念,学会科学探究和科学思维的技能,形成自学的能力;拥有良好的思维意识。在物理文化的熏陶中,培养出学生探索真理、勇于创造、实事求是的科学态度与社会责任感。物理教师的文化自觉要求我们对自身角色进行转换,教师已经不是传统物理课堂教学中的教学灌输者,如果忽视对学生学习兴趣和自主学习意识的培养,那么培养出来的学生大多是"知识人"。

3.1 物理教师要做文化的研究者

物理学是人类几千年来认识和改造自然形成的文化。其有勇敢的探索、好奇的研究和美好的猜想等。但"文化已经丢失了很久"的这样一句坊间传言甚嚣尘上,究竟我们今天的物理教学还有没有文化? 还是只剩下符号公式? 在此,物理教师应该放下功利主义的思想,静心做一个文化人,更新传统观念,研究物理学科本身的文化内涵,思考其中的价值,得出相关的启示。研究物理文化的方法可以从文献阅读的角度去认识。目前关于物理教师文化自觉的研究非常少,我们很难从学者的角度侧窥一二,所以研究物理文化已有的定义就是我们的研究之源,其中具有代表性的有厚宇德教授在其2004年出版的《物理文化与物理学史》中进行的诠释:物理广义文化的属性,除了知识,还有科学情感、态度、价值观等。薛永红教授提出"物理科学共同体"的定义等。我们还可以从"物理概念来源的角度"深化、"物理思想建立的角度"反思、"对教育起到的作用角度"升华等

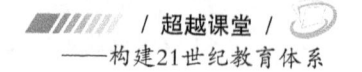

角度对物理教师进行文化自觉方面的研究。

3.2 物理教师须当文化的引导者

除物理知识之外,物理文化可以培养孩子的科学探索精神,有助于孩子科学思维的发展,能够让孩子感受到自然之美。物理教师要指出知识体现了哪些物理科学内容;要叙述物理知识的建立过程,通过创造物理的真实环境,让学生观察科学现象,掌握测试、分析数据的方法;师生共同对数据的合理性进行归纳、反思甚至质疑。教师的教学方法和手段要多样化,不能把活生生的充满创造之光的物理学蜕化为干巴巴的概念、枯燥的公式和繁杂的计算,不能把具有生动性、创造性的物理教学变为对付各种考试的应试活动。[11]还要引导学生有社会责任感,关心国家、关心科技发展,获得道德、精神方面的发展,使得"立德树人"的目标得以实现。正是这些积极的引导,让学生学会思考、学会解决问题,反过来又促进教师在教育教学领域的改进与提高,使师生在物理学习中都得到文化熏陶,使物理文化得以传递。

3.3 物理教师应是文化的生产者

从文化的继承者向文化结构的建构者、组织者转化是物理教师实现高层次发展的途经。当我们了解学科文化处于指令性课程模式时,我们通常只是学习模仿和经验执行,缺乏记录在纸上的思考,我们此时就会陷入自在的"经验主义状态"。目前社会培养综合型创新人才的要求迫切需要物理教师从学科封闭走向学科开放,并思考新的文化综合。从"传授"转为"反思",教师对自己的教学如何传递文化进行反思和评价,分析是否存在傲慢、焦躁、功利、机械等缺点,并积极加以改进,使思维不再只是课程与经验的重复。发现左右自己的文化观念因素以及在自己教学中所表现出来的个人习惯等,变"消费"为"生产"。新课程标准的实施是从中华民族复兴的高度提出来的变革举措,其目是为学生的终身学习和发展打下良好基础,因此决定了教师不能只将文化进行消费,在挖掘内涵、引领复制、反思研究后,教师应该积极参与到物理教师的文化自觉中,对教师文化的开发、建构和管理进行"生产"。如此可以打破壁垒,体现物理教师的文化自觉内涵。

费孝通说:"我们现在对中国文化的本质还不能说已经从理论上认识得很清楚,但是大体上说它确实是从中国人历来讲究的'正心、诚意、修身、齐家、治国、平天下'的儒家所指出的方向发展出来的。这里边一层一层都是几千年积聚下来经验性的东西,如果能用到现实的事情当中去,看来还是会发生积极作用的。我们中国文化里边有许多我们特有的东西,可以解决很多现实问题、疑难问题。现在的问题是我们怎样把这些特点用现代语言更明确地表达出来,让大家懂得,变成一个普遍的信息和共识。"[12]一切文化的进步,需要从文化自觉中产生。物理教师作为物理文化传承的主体,只有理解了文化的实质和价值,认识了文化生产的特性,与教学行为相联系,将文化自觉融入教学之中,指导自身教学行动,及时思考教师角色,完善自己,用正确的文化思想指导行为,才能最终实现理想的文化自觉。

参考文献

[1] 费孝通.费孝通文集(第14卷)[M].北京:群言出版社,1999.7-8.

[2] 衣玉梅.文化自觉视域下大学生担当意识的培养[J].继续教育研究,2018(2):11-15.

[3] 秦旭坤.新时代大学生文化自觉培育研究[J].学理论,2019(3):149-150.

[4] 黄捷.文化自觉发展路径研究[J].广西师范学院学报(哲学社会科学版),2019(2):52-55.

[5] 韩明,王世伟.转化型知识分子:教师在课程实施中的角色与实践[J].教育发展研究,2010,30(8):68-73.

[6] Yukl,G. Leadership in Organizations[M]. 2nd ed. Englewood Cliffs. NJ:prentice Hall,1989:213.

[7] 费孝通.关于"文化自觉"的一些自白[J].学术研究,2003(7):5-9.

[8] 怀海特.教育的目的[M].庄莲平,王立中,译.上海:文汇出版社,2012.10.

[9] 叶澜.让课堂焕发出生命活力——论中小学教学改革的深化[J].教育研究,1997(9):3-8.

[10] 解世雄.物理文化研究对物理教育的启示[J].课程.教材.教法,2006(4):56-59.

[11] 靳玉乐,罗生全.课程理论的文化自觉[J].教育研究,2008(6):41-46.

[12] 费孝通.关于"文化自觉"的一些自白[M].//费孝通全集(第17卷).呼和浩特:内蒙古人民出版社,2009:349.